Impressum

Till Vogt, Tobias Geis
Sorbisch – Wort für Wort
erschienen im
Reise Know-How Verlag Peter Rump GmbH
Osnabrücker Str. 79, D-33649 Bielefeld
info@reise-know-how.de

1. Auflage 2007

Bearbeitung & Layout Claudia Schmidt, www.lektoratsservice.de
Layout-Konzept Günter Pawlak, FaktorZwo! Bielefeld
Umschlag Peter Rump
Kartographie Iain Macneish
Fotos Gregor Wieczorek
Druck und Bindung Fuldaer Verlagsagentur GmbH & Co. KG, Fulda

ISBN 978-3-89416-381-5
Printed in Germany

Dieses Buch ist erhältlich in jeder Buchhandlung der BRD, Österreichs, der Schweiz und der Benelux. Bitte informieren Sie Ihren Buchhändler über folgende Bezugsadressen:
BRD Prolit GmbH, Postfach 9, 35461 Fernwald (Annerod) sowie alle Barsortimente
Schweiz AVA-buch 2000, Postfach 27, CH-8910 Affoltern
Österreich Mohr Morawa Buchvertrieb GmbH, Sulzengasse 2, A-1230 Wien
Belgien & Niederlande Willems Adventure, Postbus 403, NL-3140 AK Maassluis
direkt Wer im Buchhandel kein Glück hat, bekommt unsere Bücher zuzüglich Porto- und Verpackungskosten auch direkt beim Verlag oder über unseren Internet-Shop:
http://www.reise-know-how.de

Kauderwelsch

Till Vogt
Tobias Geis

Sorbisch

Wort für Wort

Kauderwelsch-Sprechführer sind anders!

Warum? Weil sie Sie in die Lage versetzen, wirklich zu sprechen und die Leute zu verstehen.

Wie wird das gemacht? Abgesehen von dem, was jedes Sprachbuch bietet, nämlich Vokabeln, Beispielsätze etc., zeichnen sich die Bände der Kauderwelsch-Reihe durch folgende Besonderheiten aus:

Die **Grammatik** wird in einfacher Sprache so weit erklärt, dass es möglich wird, ohne viel Paukerei mit dem Sprechen zu beginnen, wenn auch nicht gerade druckreif.

Alle Beispielsätze werden doppelt ins Deutsche übertragen: zum einen **Wort-für-Wort**, zum anderen in „ordentliches" Hochdeutsch. So wird das fremde Sprachsystem sehr gut durchschaubar. Denn in einer fremden Sprache unterscheiden sich z. B. Satzbau und Ausdrucksweise recht stark vom Deutschen. Ohne diese Übersetzungsart ist es so gut wie unmöglich, schnell einzelne Wörter in einem Satz auszutauschen.

Die **Autorinnen** und **Autoren** der Reihe sind Globetrotter, die die Sprache im Land selbst gelernt haben. Sie wissen daher genau, wie und was die Leute auf der Straße sprechen. Deren Ausdrucksweise ist nämlich häufig viel einfacher und direkter als z. B. die Sprache der Literatur oder des Fernsehens.

Besonders wichtig sind im Reiseland **Körpersprache, Gesten, Zeichen** und **Verhaltensregeln**, ohne die auch Sprachkundige kaum mit Menschen in guten Kontakt kommen. In allen Bänden der Kauderwelsch-Reihe wird darum besonders auf diese Art der nonverbalen Kommunikation eingegangen.

Kauderwelsch-Sprechführer sind keine Lehrbücher, aber viel mehr als Sprachführer! Wenn Sie ein wenig Zeit investieren und einige Vokabeln lernen, werden Sie mit ihrer Hilfe in kürzester Zeit schon Informationen bekommen und Erfahrungen machen, die „taubstummen" Reisenden verborgen bleiben.

Inhalt

Konversation

Anhang

Jänschwalder Fastnacht
130.
4. Februar 2006

Vorwort

Die Sorben sind eine kleine Minderheit, man muss sie „suchen", und das ist manchmal gar nicht so einfach ... In der Niederlausitz gibt es noch etwa 20.000 aktive Sprecher, in der Oberlausitz sind es ca. 40.000. Natürlich spricht und versteht jeder selbstverständlich Deutsch, und Sie werden, auch wenn Sie kein Wort Sorbisch sprechen, nie in eine Situation geraten, in der Sie sich nicht verständigen könnten. Da stellt sich natürlich die Frage, warum man sich überhaupt mit Sorbisch beschäftigen soll. Wenn Sie jedoch mit muttersprachlichen Sorben wenigstens ein paar sorbische Floskeln wechseln können, werden Sie erfahren, dass Ihre Bemühungen auf echte Aufgeschlossenheit und Herzlichkeit treffen werden. Auch wenn Sie bei Ihrem Besuch im Spreewald kein oder nur sehr wenig Sorbisch hören werden, wird es trotzdem Ihr ständiger Begleiter sein. Denn ob Sie nun im idyllischen Kurort Burg die Spreewald-Therme (**Błośańska terma**) besuchen, in Cottbus den Spremberger Turm (**Grodkojski torm**) besteigen oder in Crostwitz, einem Dorf in der Oberlausitz, dessen Einwohner zu etwa 70 % muttersprachlich sorbisch sind, ein Zimmer beziehen – werden Sie fast überall auf zweisprachige Beschilderung treffen.

Hinweise zur Benutzung

Der Kauderwelsch-Band „Sorbisch“ ist in die Abschnitte „Grammatik“, „Konversation“ und „Wörterliste“ gegliedert:

Die **Grammatik** beschränkt sich auf das Wesentliche und ist so einfach gehalten wie möglich. Deshalb sind auch nicht sämtliche Ausnahmen der Sprache erklärt. In der **Konversation** finden Sie Sätze aus dem Alltagsgespräch, die Ihnen einen ersten Eindruck davon vermitteln sollen, wie Sorbisch „funktioniert“, und die Sie auf das vorbereiten sollen, was Sie später in der Lausitz hören werden.

Mit Hilfe der Wort-für-Wort-Übersetzung können Sie bald eigene Sätze bilden. Sie können die Beispielsätze als Fundus von Satzschablonen und -mustern benutzen, die Sie Ihren eigenen Bedürfnissen anpassen. Um Ihnen das zu erleichtern, ist ein Teil der Beispielsätze nach allgemeinen Kriterien geordnet.

Jede Sprache hat ein typisches Satzbaumuster. Um die sich vom Deutschen unterscheidende Wortfolge sorbischer Sätze zu verstehen, ist die **Wort-für-Wort-Übersetzung** in kursiver Schrift gedacht. Wird *ein* sorbisches Wort im Deutschen durch *zwei* Wörter übersetzt, werden diese in der Wort-für-Wort-Übersetzung mit einem Bindestrich verbunden. Durch einen Schrägstrich werden alternativ austauschbare Wörter gekennzeichnet. Weitere Zusätze, wie Klammern, Ausrufezeichen und hochgestellte Kürzel, enthalten wichtige grammatikalische Zusatzinformationen.

Obersorbisch	**Njekurju.**	**Prošu, wzmi/wzmiće ...** (+4)
Niedersorbisch	**Njekurim.**	**Pšosym, wzej/wzejśo ...** (+4)
Wort für Wort	*nicht-rauche(-ich)*	*bitte(-ich), nimm!/nehmt! ...*
deutsche Übersetzung	Ich rauche nicht.	Bitte, nimm/nehmen Sie ...!

Anders als im Deutschen macht es bei einigen Satzkonstruktionen einen Unterschied, ob eine Frau oder ein Mann spricht, angesprochen wird etc. In diesem Fall steht in der Wort-für-Wort-Übersetzung und in der deutschen Übersetzung das Kürzel „m/w“. Ein Mann benutzt hier z. B. **chcył,** eine Frau **chcyła:**

To njejsym chcył/chcyła.
To njejsom kśěł/kśěła.
*dieses⁴ nicht-bin gewollt^m/w^*
Das wollte ich^m/w^ nicht.

Die **Umschlagklappe** hilft, die wichtigsten Sätze und Formulierungen stets parat zu haben. Aufgeklappt ist der Umschlag eine wesentliche Erleichterung, da nun die gewünschte Satzkonstruktion mit dem entsprechenden Vokabular aus den einzelnen Kapiteln kombiniert werden kann.

Die **Wörterliste** *am Ende des Buches enthält einen Grundwortschatz von ca. 2000 Wörtern „Deutsch – Obersorbisch“, mit dem man schon eine ganze Menge anfangen kann. Auf eine sorbisch-deutsche Liste haben wir verzichtet, weil man sich ja überall auch auf Deutsch verständigen kann.*

Abkürzungen

m/w	männlich/weiblich
m bel	männlich belebt (Personen/Tiere)
m Pers	männliche Person (keine Tiere)
Ez/Zz/Mz	Einzahl/Zweizahl/Mehrzahl
2 – 7	Fall, in dem ein Wort gebeugt ist
(+2), (+3), ... (+7)	Fall, in dem ein einzusetzendes Wort gebeugt werden muss
v/uv	vollendeter/unvollendeter Aspekt
!	Befehlsform
Eig/U	Eigenschafts-/Umstandswort
W!	Mitlautwechsel! (s. S. 17)
OS/NS	Obersorbisch/Niedersorbisch

Das Kapitel „Nichts verstanden? – Weiterlernen!“ befindet sich ebenfalls im Umschlag, stets bereit, mit der richtigen Formulierung für z. B. „Ich habe leider nicht verstanden“ oder „Wie bitte?“ auszuhelfen.

Über die Sprache

Vielleicht werden Sie bei Ihrem nächsten Urlaub in Polen oder Tschechien bemerken, dass Ihnen das eine oder andere Wort, das Sie hören, Ihnen nicht mehr ganz so fremd vorkommt.

Kauderwelsch AusspracheTrainer
Falls Sie sich die wichtigsten sorbischen Sätze, die in diesem Buch vorkommen, einmal von einem Sorben gesprochen anhören möchten, kann Ihnen Ihre Buchhandlung den AusspracheTrainer zu diesem Buch besorgen. Sie bekommen ihn auch über unseren Internetshop ***www.reise-know-how.de*** *Alle Sätze, die Sie auf dem* ***Kauderwelsch-Aussprache-Trainer*** *hören können, sind in diesem Buch mit einem* 🔊 *gekennzeichnet.*

Im Zuge der großen Völkerwanderung des 5./6. Jahrhunderts besiedelten slawische Stämme die Lausitz. Im Raum Cottbus siedelten die Lausitzer (**Łužičanjo**/**Łužycany**), die heutigen Niedersorben; in der Bautzener Gegend ließen sich die Milzener (**Milčanjo**/**Milcany**) nieder, die Vorfahren der heutigen Obersorben. Beide sorbischen Sprachen zählen zu den westslawischen Sprachen und sind somit Verwandte des Tschechischen und Polnischen. Das Niedersorbische weist eher Parallelen zum Polnischen auf, das Obersorbische hingegen eher zum Tschechischen und Slowakischen.

Eine Jahrhunderte andauernde Germanisierungspolitik, deren brutalster Höhepunkt sicherlich im 3. Reich liegt, hat dazu geführt, dass das Sorbische immer mehr zurückgedrängt wurde. Insbesondere im Raum Cottbus und Umgebung mangelt es nahezu völlig an einer sorbischen Jugend.

In den letzten Jahren wurden diverse Revitalisierungsmaßnahmen ergriffen, um das drohende Aussterben des Sorbischen abwenden zu können. Diese und eine verstärkte Präsenz des Sorbischen in der Öffentlichkeit haben zu einer großen Offenheit gegenüber der sorbischen Sprache und Tradition geführt.

Die gegenwärtige Lage des Niedersorbischen ist um einiges dramatischer als die des

Obersorbischen: In der Niederlausitz lässt sich die Anzahl der Familien, in denen Niedersorbisch tägliche Umgangssprache ist, an zwei Händen abzählen. In der Oberlausitz hingegen gehört (insbesondere in dörflichen Gegenden) die sorbische Sprache noch fest zum Alltag. Auch die Jugend identifiziert sich mit der sorbischen Sprache.

Heute hat das Sorbische noch ca. 60.000 Sprecher, davon etwa 40.000 Obersorben und 20.000 Niedersorben. Die Mehrheit spricht ausschließlich Deutsch.

Aussprache & Betonung

Um die richtige „dörfische" Aussprache (insbesondere des Niedersorbischen) zu erlernen, sollten Sie die Aussprache auch mit Muttersprachlern üben. Die Erklärungen in diesem Kapitel können natürlich keine perfekte Aussprache garantieren.

Die Aussprache des Sorbischen ist relativ einfach und lautgetreu. Allerdings muss man die Lautwerte der Buchstaben mit Sonderzeichen kennen und auf einige Besonderheiten Acht geben, was beispielsweise die Behauchung der Mitlaute anbelangt.

Im Folgenden wird nur die Aussprache der Buchstaben erklärt, die vom Deutschen abweichen kann und nicht eindeutig ist. Die Buchstaben **q** und **x** gibt es im Sorbischen nicht. Der Buchstabe **v** tritt nur in einigen Fremdwörtern auf. Stimmlose Mitlaute (**p, k, t**) werden ähnlich wie im Französischen nicht behaucht, d. h. sie hören sich nicht so an, als würde ihnen ein **h** folgen, so wie wir es vom Deutschen gewohnt sind.

Die unbehauchten Laute können Sie üben, indem Sie beim Sprechen die Hand in kurzer Entfernung vor den Mund halten. Wenn Sie keinen Lufthauch spüren, haben Sie den Laut unbehaucht ausgesprochen!

a	meist kurz und offen wie in „k**a**nn" **dać** „geben", **mać** „Mutter"
aj	wie „ai" in „M**ai**" **raj** „Paradies"
c	wie deutsches „z" in „**Z**ahn" **nóc** „Nacht", **cil** „Ziel"
č	„tsch" wie in „Pei**tsch**e" **čisło** „Nummer", **rěč** „Sprache"

ć	helles, scharfes „tsch" wie „ch" in „**Ch**eeseburger" (also ein nicht so gerundetes „tsch" wie in „Pei**tsch**e") **pleść** „flechten", **ćahnyć** „ziehen"
e	kurzes, offenes „e" wie in „B**e**tt" (also nicht geschlossen wie in „B**ee**t"); zwischen weichen Mitlauten wie **ě** (s. u.) **bjeŕ** „nimm!"
ej	wie „ay" im englischen Wort „s**ay**" **cyrkej** „Kirche", **dejm** „ich muss"
ě	Laut zwischen „i" und „e": „ije" **wěra** „Glaube", **wě** „er weiß"
h	Das **h** dient nicht zur Verlängerung eines Selbstlautes; im OS ist das **h** am Wortende und vor Mitlauten stumm. **hora** „Berg", **Bóh** „Gott", **ćahnyć** „ziehen"
ch	am Wortanfang und nach **a, o, u** wie „ch" in „Ba**ch**", nach allen anderen Selbstlauten wie „ch" in „i**ch**". Im Obersorbischen wird das **ch** am Wortanfang und nach Vorsilben auch im Wortinnern häufig wie das deutsche „k" ausgesprochen. **měch** „Sack", **chołm** „Hügel"
i	immer langes „i" wie „ie" in „M**ie**te" **wiki** „Markt", **tuni** „billig"
ł	am Wortanfang wie englisches „w" (Halblaut zwischen „u" und deutschem „w") in „**w**ater", nach Selbstlauten kurzes „u" **łójić** „fangen", **kał** „Kohl"
l	Im Obersorbischen wird das **l** wie im Deutschen ausgesprochen. Im Niedersorbischen wird der Zungenrücken an den Gaumen gehoben, so dass ein **l** vor Selbstlauten fast wie „lj" in „**Lj**ub**lj**ana" klingt. **lan** „Flachs", **lěbda** „kaum"
ń	steht nur vor Mitlauten und am Wortende, „nj" wie in „A**nj**a" **kóń** „Pferd", **sańki** „Schlitten"
o	kurzes, offenes „o" wie in „T**o**nne", vor **w** und **ł** geschlossen wie in „B**oo**t" **som** „ich bin", **doł** „Tal"

ó	dialektal sehr unterschiedliche Aussprache: entweder kurzes „ü“ oder „u“ oder aber kurzes, offenes „e“. Im Obersorbischen wird die Aussprache als langes, geschlossenes „u“ bevorzugt. Im Niedersorbischen eher offenes „ö“, vor weichen Mitlauten als langes, geschlossenes „e“ wie in „Z**eh**e“. **nóc** „Nacht“, **wóna** „sie *(w, Ez)*“
r	entweder gerolltes „r“ wie im Russischen oder Italienischen, in vielen Dialekten und besonders im Obersorbischen jedoch wie deutsches (im Rachen gebildetes) „r“ **rum** „Raum“, **dar** „Geschenk“
ŕ	typisch niedersorbischer Laut (steht nur am Wortende), wird wie **r,** jedoch mit leicht nachklingendem „i“ gesprochen. Diesen Buchstaben gibt es im Obersorbischen nicht. **pśedawaŕ** „Verkäufer“
ř	typisch obersorbischer Laut, wie „sch“ in „**Sch**ule“, nach **t** jedoch wie stimmloses „ss“ in „Ku**ss**“. Diesen Buchstaben gibt es im Niedersorbischen nicht. **přez** „durch“, **tři** „drei“
s	stimmloses „ss“ wie in „Ku**ss**“ **seno** „Heu“, **čas** „Zeit“
š	„sch“ wie in „**Sch**ule“ **šula** „Schule“, **wěš** „du weißt“
ś	typisch niedersorbischer Laut, „sch“ wie in „**Sch**iene“, jedoch wird die Zunge dabei stark an den Gaumen gehoben. **śele** „Kalb“, **daś** „geben“
w	im Obersorbischen wie deutsches „w“ in „**W**asser“, im Niedersorbischen eher wie „w“ im englischen Wort „**w**ater“; am Wortende und vor Mitlauten jedoch wie kurzes „u“ **woda** „Wasser“, **pawk** „Spinne“
ž	wie zweites „g“ in „Gara**g**e“ oder „j“ in „**J**ournal“ **žona** „Frau“, **muž** „Mann“
ź	typisch niedersorbischer Laut, heller und schärfer als **ž** **źeń** „Tag“, **łoź** „Schiff“

Betonung

Die erste Silbe im Wort wird betont. Wenn dem betreffenden ein- bis zweisilbigen Wort jedoch ein Verhältniswort (Präposition) vorangeht, „wandert" die Betonung zurück auf das Verhältniswort (in den folgenden beiden Beispielen ist die betonte Silbe unterstrichen):

Fremdwörter werden zumeist wie im Deutschen betont.

wiki	**Źomy na wiki.**
Märkte	*gehen(-wir) auf Märkte*[4]
Markt	Wir gehen zum Markt.

Mitlautwechsel

Der so genannte Mitlautwechsel (Konsonantenwechsel) spielt im Sorbischen eine entscheidende Rolle bei der Beugung der Hauptwörter (Substantive) sowie Beugung und Steigerung der Eigenschafts- (Adjektive) und Umstandswörter (Adverbien). Im Niedersorbischen finden hierbei geringfügig andere Veränderungen statt als im Obersorbischen.

Zum Mitlautwechsel kommt es immer dann, wenn nach den grammatischen Regeln (z. B. bei der Beugung) auf die Mitlaute **ch, d, g, h, k, ł** oder **t** ein **j** folgen würde. In diesem Fall passiert Folgendes: Die o. g. Mitlaute verändern sich („wechseln"), und das **j** entfällt. Im Obersorbischen tritt dieser Mitlautwechsel zusätzlich bei der Mehrzahlbildung von Hauptwörtern und Eigenschaftswörtern auf, die Personen bezeichnen bzw. sich auf solche beziehen.

Ein Strich in der Tabelle bedeutet, dass es diesen Mitlaut bzw. Mitlautwechsel in der entsprechenden Sprache nicht gibt.

Mitlaut		OS	NS
g	wird zu	–	z
h	wird zu	**z**	–
ch	wird zu	**š**	š
k	wird zu	**c** (7. Fall: **č**)	c
d	wird zu	**dź**	ź
t	wird zu	**ć**	ś
zd	wird zu	**zdź**	zdź
st	wird zu	**sć**	sć
tr	wird zu	**tř**	–
ł	wird zu	**l**	l

Im Obersorbischen greift darüber hinaus die Regel, dass nur im 7. Fall (Anredefall) nebenstehende andere Mitlautwechsel auftreten.

Mitlaut		OS (nur 7. Fall)
k	wird zu	**č**
c	wird zu	**č**
z	wird zu	**ž**

Wenn der Mitlautwechsel anzuwenden ist, wird mit dem Kürzel „W!“ darauf hingewiesen. In den folgenden Beispielen ist der Mitlaut, der dem Wechsel unterliegt, unterstrichen:

OS		OS (W!)	
jabłuko	Apfel	**jabłuce**	Äpfel (Zz)
Čech	Tscheche	**Češa**	Tschechen
powětr	Luft	**w powětře**	in der Luft
suchi	trocken	**sušiši**	trockenerer

Wörter, die weiterhelfen

Die folgenden wichtigen Wörter und Redewendungen werden Sie häufig hören und selber anwenden können.

haj – ně	**jo – ně**	ja – nein
dźakuju so	**źěkuju se**	danke
prošu	**pšosym**	bitte
Dobry dźeń!	**Dobry źeń!**	Guten Tag!
Božemje!	**Bóžemje!**	Auf Wiedersehen!

Die wichtigsten Sätze, Fragen und Redewendungen finden Sie in der Umschlagklappe.

Als höflich gilt es, einen Satz mit folgenden Floskeln einzuleiten:

Wodajće prošu ... *entschuldigt! bitte(-ich) ...*	**Wódajśo pšosym ...** *entschuldigt! bitte(-ich) ...*	Entschuldigen Sie bitte ...
Powědźće prošu ... *sagt! bitte(-ich) ...*	**Grońśo pšosym ...** *sagt! bitte(-ich) ...*	Sagen Sie bitte ...
Pokažće prošu ... *zeigt! bitte(-ich) ...*	**Pokažćo pšosym ...** *zeigt! bitte(-ich) ...*	Zeigen Sie bitte ...
Dajće prošu ... (+4) *gebt! bitte(-ich) ...*	**Dajśo pšosym ...** (+4) *gebt! bitte(-ich) ...*	Geben Sie bitte ...

In die folgenden Lückensätze können Sie alle sinnvollen Wörter einsetzen. Für die meisten benötigen Sie noch keine Grammatikkenntnisse. Wenn ein Lückensatz zusätzlich mit einer Zahl in Klammern versehen ist, z. B. „(+4)“, so muss das einzusetzende Wort im 4. Fall gebeugt werden.

Seitenzahlen
Um Ihnen den Umgang mit den Zahlen zu erleichtern, wird auf jeder Seite die Seitenzahl auch auf Obersorbisch angegeben!

Wörter, die weiterhelfen

Auch, wenn Sie das Wort ungebeugt in einen der nebenstehenden Lückensätze einsetzen, wird man Sie sicherlich verstehen.

Maće ...? (+4)
Maśo ...? (+4)
habt(-ihr) ...
Haben Sie ...?

Maće zapalki?
Maśo šwyracki?
habt(-ihr) Streichhölzer⁴
Haben Sie Streichhölzer?

Haj, to mamy.
Jo, to mamy.
ja, dies⁴ haben(-wir)
Ja, haben wir.

Ně, to nimamy.
Ně, to njamamy.
nein, dies⁴ nicht-haben(-wir)
Nein, haben wir nicht.

Wenn man nach Gegenständen fragt ...

Hdźe maja ...? (+4)
Źo maju ...? (+4)
wo haben(-sie) ...
Wo gibt es ...?

Hdźe maja wodu?
Źo maju wódu?
wo haben(-sie) Wasser⁴
Wo gibt es Wasser?

Wenn man nach Örtlichkeiten fragt ...

Hdźe je ...?
Źo jo ...?
wo ist ...
Wo ist ...?

Hdźe je hosćenc?
Źo jo gósćeńc?
wo ist Gaststätte
Wo gibt es eine Gaststätte?

aptejka (w)	**aptejka** (w)	Apotheke
dwórnišćo (s)	**dwórnišćo** (s)	Bahnhof
banka (w)	**banka** (w)	Bank
lětanišćo (s)	**lětanišćo** (s)	Flughafen
policija (w)	**policija** (w)	Polizei
póst (m)	**post** (m)	Post
telefon (m)	**telefon** (m)	Telefon
toaleta (w)	**toaleta** (w)	Toilette

Wodu/wódu *im nebenstehenden Satz kann durch andere Wörter im 4. Fall ausgetauscht werden. Bei unbelebten männlichen Wörtern sowie allen sächlichen Wörtern entspricht der 4. Fall dem 1. Fall.*

Hdźe móžu (ja) tu wodu kupić?
Źo móžom (ja) how wódu kupiś?
wo kann(-ich) (ich) hier Wasser⁴ kaufen
Wo kann ich hier Wasser kaufen?

Hauptwörter

Anders als im Deutschen werden die Hauptwörter (Substantive) im Sorbischen kleingeschrieben. Ausnahmen bilden lediglich Satzanfänge und Eigennamen. Es gilt also die gemäßigte Kleinschreibung wie im Englischen.

Wie im Deutschen gibt es drei grammatische Geschlechter: männlich, weiblich und sächlich (im Folgenden abgekürzt: „m", „w" und „s"). Im Sorbischen werden Nomen – dazu gehören nicht nur Hauptwörter, sondern auch Für-, Eigenschafts- und Zahlwörter – gebeugt (dekliniert). Es existieren 6 Fälle (dazu später mehr).

Das grammatische Geschlecht im Sorbischen deckt sich nicht zwangsläufig mit dem grammatischen Geschlecht im Deutschen!

Einzahl

Männliche Hauptwörter enden in der Einzahl (Singular) in der Regel auf einem Mitlaut (Konsonanten).

dom (m)	**ptačk** (m)	**hrěch** (m)
das Haus	der Vogel	die Sünde

Weibliche Hauptwörter enden meist auf **-(j)a,** in einer ganzen Reihe von Fällen aber auch auf einem Mitlaut – meist einem Zischlaut.

Łužica (w)	**twora** (w)	**rěč** (w)
die Lausitz	die Ware	die Sprache

Sächliche Hauptwörter enden entweder auf **-o** oder **-(j)e.**

awto (s) das Auto	**twarjenje** (s) das Gebäude	**ćelo** (s) das Kalb

Zweizahl (Dual)

Nur das Slowenische und Makedonische kennen (als slawische Sprache) noch die Zweizahl (Dual).

Im Gegensatz zu den meisten anderen slawischen Sprachen gibt es im Sorbischen neben Einzahl und Mehrzahl noch die so genannte Zweizahl (Dual), welche gebraucht wird, wenn immer genau zwei Gegenstände, Tiere oder Personen gemeint sind. Zur Bildung der Zweizahl (im Folgenden durch „Zz" abgekürzt) wird bei männlichen Hauptwörtern im Obersorbischen ein **-aj** angehängt, nach weichen Mitlauten ein **-ej,** im Niedersorbischen wird ausschließlich **-a** angehängt.

Unter „weichen" Mitlauten versteht man in der slawischen Sprachwissenschaft diejenigen Mitlaute, die durch starkes Anheben der Zunge an den Gaumen gebildet werden. Als „weich" gelten die Mitlaute **č, dź, j, l, š, ž, ć, ń** *(OS) bzw.* **ć, dź, j, l, ń, ŕ, ś, ź** *(NS).*

dom/dom (m) →	**domaj/doma**	(2) Häuser
puć/puś (m) →	**pućej/puśa**	(2) Wege

Bei weiblichen Hauptwörtern wird im Ober- und Niedersorbischen die Endung **-(j)e** oder **-i/-y** angehängt (ist übrigens identisch mit dem 6. Fall Mz). Sächliche Hauptwörter werden wie weibliche behandelt. Dabei muss man sich statt der sächlichen Endungen **-o** und **-(j)e** ein **-(j)a** denken. Die Form ohne **j** bzw. **y** tritt immer dann auf, wenn ein Mitlautwechsel nötig ist bzw. ein Zischlaut am Ende des Stamms steht.

žona/**žona** (w)	→ **žonje**/**žonje**	(2) Frauen
droha/**droga** (w)	→ **droze**/**droze**	(2) Straßen
šula/**šula** (w)	→ **šuli**/**šuli**	(2) Schulen
polo/**pólo** (s)	→ **poli**/**póli**	(2) Felder

Mehrzahl

Für männliche Hauptwörter gilt sowohl im Ober- als auch im Niedersorbischen, dass an Wörter, die auf **-g, -h** oder **-k** enden, **-i** angehängt wird. An Wörter, die auf einem Zischlaut, **-l, -ń** oder **-ř** enden, wird **-e** oder **-je** und in allen übrigen Fällen **-y** angehängt.

Im Obersorbischen gibt es zusätzlich die Ausnahme, dass bei Personenbezeichnungen anstatt der genannten Mehrzahl-Endungen **-ojo** *angehängt wird.*

ćah (m)	→ **ćahi**	Züge
puć (m)	→ **puće**	Häuser
dom (m)	→ **domy**	Wege
nan/**nan** (m)	→ **nanojo**/**nany**	Väter

Bei weiblichen Hauptwörtern ist die Mehrzahl immer identisch mit dem 2. Fall Einzahl.

Die Einzahl-Endung wird durch die Mehrzahl-Endung ersetzt.

● Obersorbisch

Einzahl	Mehrzahl
-ha, -ka	**-hi, -ki**
Zischlaut + **-a; -ja, -la**	**-e; -je, -le**
-ń, -dź, -l, -č, -ć	**-nje, -dźe, -le, -če, -će**
-c, -s, -z	**-cy, -sy, -zy**

● Niedersorbisch

Einzahl	Mehrzahl
-ga, -ka	**-gi, -ki**
Zischlaut + **-a; -ja, -la**	**-e; -je, le**
-ń, -ŕ, -ź, -ś, -ć, -l	**-ni, -ri, -źi, -śi, -ći, -li**
-c, -s, -z	**-cy, -sy, -zy**

Bei sächlichen Hauptwörtern wird die Einzahl-Endung grundsätzlich durch **-a** eingetauscht, um die Mehrzahl zu bilden:

gumno (s)	→ **gumna**	Gärten
awto (s)	→ **awta**	Autos

Belebtheit

Bei der Beugung von Haupt-, Eigenschafts- und Fürwörtern wird im Sorbischen (wie auch in anderen slawischen Sprachen) unterschieden, ob es sich um ein Lebewesen oder um eine männliche Person handelt.

In der Einzahl wird zwischen belebten männlichen Hauptwörtern (Tiere und Personen, keine Pflanzen!) und unbelebten bzw. belebten weiblichen und sächlichen Hauptwörtern unterschieden. Bei der Beugung in der Zwei- und Mehrzahl wird nur zwischen männlichen Personen und nicht männlichen Personen bzw. „Nichtpersonen" unterschieden. Auf Belebtheit wird bei männlichen Hauptwörtern mit dem Kürzel „m bel" hingewiesen, auf männliche Personen mit „m Pers".

Artikel

Wie in den anderen slawischen Sprachen existieren im Sorbischen weder bestimmte Artikel („der, die, das") noch unbestimmte Artikel („ein, eine"). So können Hauptwörter je nach Kontext mit oder ohne bestimmten oder unbestimmten Artikel übersetzt werden, z. B. **dom** „Haus, das Haus, ein Haus".

Lediglich in der Umgangssprache und in einigen Fällen auch in der Schriftsprache werden Artikel wie im Deutschen verwandt.

Hierbei müssen die hinweisenden Fürwörter (Demonstrativpronomen) als bestimmte Artikel und die Zahlwörter als unbestimmte Artikel herhalten. Auch diese können wie Hauptwörter gebeugt werden (s. Kap. „Dieses & Jenes“ und „Zahlwörter“).

Fälle & Beugung der Hauptwörter

Im Sorbischen gibt es, wie in den meisten anderen slawischen Sprachen auch, 6 Fälle, in denen Haupt-, aber auch Eigenschafts- und Fürwörter gebeugt (dekliniert) werden können (im weiteren Sinn werden diese Wortarten auch als „Nomen“ bezeichnet). Um ein Wort (Nomen) zu beugen, wird an die Grundform die geforderte Endung angehängt.

Der 1. bis 4. Fall (Kasus) ist mit den deutschen 4 Fällen identisch: 1. Nominativ (Frage: „wer?, was?“), 2. Genitiv („wessen?“), 3. Dativ („wem?“), 4. Akkusativ („wen?, was?“), 5. Instrumental und 6. Lokativ, wobei die beiden letztgenannten nur in Zusammenhang mit Verhältniswörtern (Präpositionen) gebraucht werden. Nach dem 6. Fall wird meist mit „wo?“ gefragt, nach dem 5. Fall mit „womit?“. Im Obersorbischen gibt es auch noch den altertümlichen Anredefall (Vokativ) als 7. Fall.

Ob und in welchem Fall ein Wort gebeugt ist, erkennen Sie in der Wort-für-Wort-Übersetzung an der hochgestellten „Nummer“. Wörter im 1. Fall werden nicht gekennzeichnet.

Nur die wichtigsten Beugungsmuster für Hauptwörter sollen hier vorgestellt werden. Benutzen Sie die Tabellen am besten nur zum Nachschlagen, nicht zum Auswendiglernen.

Fälle & Beugung der Hauptwörter

Nur bei männlichen Haupt-, Eigenschafts- und Fürwörtern wird zwischen „belebt“ und „unbelebt“ unterschieden, bei weiblichen und sächlichen Hauptwörtern gibt es diese Unterscheidung nicht!

Die Beugung der Hauptwörter ist eine echte Herausforderung. Zusätzlich zu den bereits bekannten Unterscheidungskriterien (grammatisches Geschlecht, Ein-/Mehrzahl) wird bei männlichen Hauptwörtern in der Einzahl auch das Kriterium der Belebtheit angewandt bzw. bei der Beugung in der Zwei- und Mehrzahl, ob es sich um eine Gruppe mit mindestens einer männlichen Person handelt (s. Kap. „Belebtheit“).

Darüber hinaus ist für die Beugung entscheidend, ob das betreffende Hauptwort im 1. Fall auf einem Zischlaut oder einem „weichen“ Mitlaut endet. Alle „nicht weichen“ Mitlaute gelten als „hart“. Welche Mitlaute zu den Zischlauten zählen und welche weich sind, finden Sie in folgender Auflistung.

Im Niedersorbischen unterscheidet man sogar noch zusätzlich zwischen „weichen“ Zischlauten mit einem „Strich“ und „harten“ Zischlauten mit einem „Häkchen“ oder ganz ohne Sonderzeichen.

Zischlaute:	**c, č, dź, s, š, ć, z, ž**
	c, č, ć, dź, s, š, ś, z, ž, ź
weiche Mitlaute:	**č, dź, j, l, ń, š, ć, ž**
	ć, dź, j, l, ń, ŕ, ś, ź

männliche Hauptwörter (unbelebt/belebt)

Einzahl

Die Beugungsendungen sind in den Tabellen jeweils durch einen Bindestrich vom Stamm getrennt.

	belebt	unbelebt	belebt	unbelebt
1	**nan** (Vater)	**dom** (Haus)	**nan** (Vater)	**dom** (Haus)
2	**nan-a**	**dom-a**	**nan-a**	**dom-a**
3	**nan-ej**	**dom-ej**	**nan-oju**	**dom-oju**
4	**nan-a**	**dom**	**nan-a**	**dom**
5	**nan-om**	**dom-om**	**nan-om**	**dom-om**
6	**nan-je**	**dom-je**	**nan-je**	**dom-je**

Wenn das männliche Hauptwort in der Einzahl auf einem Zischlaut (s. o.) oder auf **-ch, -g, -h,** oder **-k** endet, so wird im 6. Fall statt der oben angeführten Endung **-u** angehängt (dann ist auch kein Mitlautwechsel nötig).

Zweizahl

	m Pers	sonst	m Pers	sonst
1	**nan-aj** (2 Väter)	**dom-aj** (2 Häuser)	**nan-a** (2 Väter)	**dom-a** (2 Häuser)
2	**nan-ow**	**dom-ow**	**nan-owu**	**dom-owu**
3	**nan-omaj**	**dom-omaj**	**nan-oma**	**dom-oma**
4	**nan-ow**	**dom-aj**	**nan-owu**	**dom-a**
5	**nan-omaj**	**dom-omaj**	**nan-oma**	**dom-oma**
6	**nan-omaj**	**dom-omaj**	**nan-oma**	**dom-oma**

Der 3., 5. und 6. Fall Zweizahl sind identisch!

Mehrzahl

	m Pers	sonst	m Pers	sonst
1	**nan-ojo** (Väter)	**dom-y** (Häuser)	**nan-y** (Väter)	**dom-y** (Häuser)
2	**nan-ow**	**dom-ow**	**nan-ow**	**dom-ow**
3	**nan-am**	**dom-am**	**nan-am**	**dom-am**
4	**nan-ow**	**dom-y**	**nan-ow**	**dom-y**
5	**nan-ami**	**dom-ami**	**nan-ami**	**dom-ami**
6	**nan-ach**	**dom-ach**	**nan-ach**	**dom-ach**

In der Einzahl stimmen bei belebten männlichen Hauptwörtern jeweils der 2. und 4. Fall überein, in der Zwei- und Mehrzahl stimmen der 2. und 4. Fall nur bei männlichen Personen überein. In allen anderen Fällen haben männliche Hauptwörter im 1. und 4. Fall die gleiche Form.

Bei obersorbischen männlichen Personenbezeichnungen auf **-k** endet die Mehrzahl im 1. Fall auf **-cy: rěčnik** „Anwalt“, **rěčni-cy** „Anwälte“. Ansonsten gilt für alle Geschlechter (!) (auch im Niedersorbischen), dass nach **g, h, k** nie **y** steht, sondern immer **i: ptačk** „Vogel“, **ptačk-i** „Vögel“.

Fälle & Beugung der Hauptwörter

weibliche Hauptwörter

Bei weiblichen und sächlichen Hauptwörtern wird nicht nach Belebtheit unterschieden.

Einzahl Der 3. und 6. Fall sind immer identisch!

1	**žon-a** (Frau)	**wěc** (Sache)	**noh-a** (Bein)	**žon-a** (Frau)	**wěc** (Sache)	**nog-a** (Bein)
2	**žon-y**	**wěc-y**	**noh-i**	**žon-y**	**wěc-y**	**nog-i**
3	**žon-je**	**wěc-y**	**noz-e** (W!)	**žon-je**	**wěc-y**	**noz-e** (W!)
4	**žon-u**	**wěc**	**noh-u**	**žon-u**	**wěc**	**nog-u**
5	**žon-u**	**wěc-u**	**noh-u**	**žon-u**	**wěc-u**	**nog-u**
6	**žon-je**	**wěc-y**	**noz-e** (W!)	**žon-je**	**wěc-y**	**noz-e** (W!)

Zweizahl Der 1. und 4. Fall sowie der 3., 5. und 6. Fall sind immer identisch!

1	**žon-je**	**wěc-y**	**noz-e** (W!)	**žon-je**	**wěc-y**	**noz-e** (W!)
2	**žon-ow**	**wěc-ow**	**noh-ow**	**žon-owu**	**wěc-owu**	**nog-owu**
3	**žon-omaj**	**wěc-omaj**	**noh-omaj**	**žon-oma**	**wěc-oma**	**nog-oma**
4	**žon-je**	**wěc-y**	**noz-e** (W!)	**žon-je**	**wěc-y**	**noz-e** (W!)
5	**žon-omaj**	**wěc-omaj**	**noh-omaj**	**žon-oma**	**wěc-oma**	**nog-oma**
6	**žon-omaj**	**wěc-omaj**	**noh-omaj**	**žon-oma**	**wěc-oma**	**nog-oma**

Mehrzahl Der 1. und 4. Fall sind immer identisch!

1	**žon-y**	**wěc-y**	**noh-i**	**žon-y**	**wěc-y**	**nog-i**
2	**žon-ow**	**wěc-ow**	**noh-ow**	**žon-ow**	**wěc-ow**	**nog-ow**
3	**žon-am**	**wěc-am**	**noh-am**	**žon-am**	**wěc-am**	**nog-am**
4	**žon-y**	**wěc-y**	**noh-i**	**žon-y**	**wěc-y**	**nog-i**
5	**žon-ami**	**wěc-ami**	**noh-ami**	**žon-ami**	**wěc-ami**	**nog-ami**
6	**žon-ach**	**wěc-ach**	**noh-ach**	**žon-ach**	**wěc-ach**	**nog-ach**

Bei der Beugung weiblicher Hauptwörter sind einige lautliche Besonderheiten zu beachten:

Besonderheiten: 3. und 6. Fall weiblich Einzahl ...

Der 3. und 6. Fall weiblich Einzahl enden im Ober- und Niedersorbischen nach einem harten Zischlaut auf **-y,** nach einem weichen Mitlaut auf **-i.** Der 2. Fall endet im Obersorbischen nach weichen Mitlauten und im Niedersorbischen zusätzlich nach allen Zischlauten auf **-e.** Wie am Beispiel **noha** zu sehen, kommt es in bestimmten Fällen zu einem Mitlautwechsel (s. Kap. „Mitlautwechsel“).

... weibliche Hauptwörter, die auf einem Selbstlaut enden, sowie auch männliche Hauptwörter ...

Für weibliche Hauptwörter, die auf einem Selbstlaut enden, und männliche Hauptwörter gilt: Nach weichen Mitlauten (s. S. 26) und im Niedersorbischen außerdem auch nach allen Zischlauten steht im 1. Fall Mehrzahl stets **-e** statt **-y**: **zec** „Hose“, **zec-e**“Hosen“, **rož-a** „Rose“, **rož-e** „Rosen“.

sächliche Hauptwörter

Einzahl

Bezeichnungen für Personen erhalten nicht immer das natürliche Geschlecht, zum Beispiel **źowćo** (s) „ (das) Mädchen“.

1	**awt-o** (Auto)	**pol-o** (Feld)	**twarjenj-e** (Gebäude)	awt-o (Auto)	pól-o (Feld)	twarjenj-e (Gebäude)
2	**awt-a**	**pol-a**	**twarjenj-a**	awt-a	pól-a	twarjenj-a
3	**awt-u**	**pol-u**	**twarjenj-u**	awt-oju	pól-oju	twarjenj-u
4	**awt-o**	**pol-o**	**twarjenj-e**	awt-o	pól-o	twarjenj-e
5	**awt-om**	**pol-om**	**twarjenj-om**	awt-om	pól-om	twarjen-im
6	**awć-e** (W!)	**pol-u**	**twarjenj-u**	awś-e (W!)	pól-u	twarjenj-u

So wie **polo/pólo** werden im Obersorbischen alle sächlichen Hauptwörter, deren Stamm auf einem weichen Mitlaut enden, im Niedersorbischen auch alle Hauptwörter, die auf einem Zischlaut enden, behandelt.

Darüber hinaus erhalten sächliche Hauptwörter nach **g, h, ch, k** und den Zischlauten im 6. Fall Einzahl grundsätzlich ein **-u** (statt ggf. **-e**).

Zweizahl Der 1. und 4. Fall sowie der 3., 5. und 6. Fall sind immer identisch!

1	**awć-e** (W!)	**pol-i**	**twarjen-i**	**awś-e** (W!)	**pól- i**	**twarjen-i**
2	**awt-ow**	**pol-ow**	**twarjenj-ow**	**awt-owu**	**pól-owu**	**twarjenj-owu**
3	**awt-omaj**	**pol-omaj**	**twarjenj-omaj**	**awt-oma**	**pól-oma**	**twarjenj-oma**
4	**awć-e** (W!)	**pol-i**	**twarjen-i**	**aw-śe** (W!)	**pól-i**	**twarjen-i**
5	**awt-omaj**	**pol-omaj**	**twarjenj-omaj**	**awt-oma**	**pól-oma**	**twarjenj-oma**
6	**awt-omaj**	**pol-omaj**	**twarjenj-omaj**	**awt-oma**	**pól-oma**	**twarjenj-oma**

Mehrzahl Der 1. und 4. Fall sind immer identisch!

1	**awt-a**	**pol-a**	**twarjenj-a**	**awt-a**	**pól-a**	**twarjenj-a**
2	**awt-ow**	**pol-ow**	**twarjenj-ow**	**awt-ow**	**pól-ow**	**twarjenj-ow**
3	**awt-am**	**pol-am**	**twarjenj-am**	**awt-am**	**pól-am**	**twajenj-am**
4	**awt-a**	**pol-a**	**twarjenj-a**	**awt-a**	**pól-a**	**twarjenj-a**
5	**awt-ami**	**pol-ami**	**twarjenj-ami**	**awt-ami**	**pól-ami**	**twarjenj-ami**
6	**awt-ach**	**pol-ach**	**twarjenj-ach**	**awt-ach**	**pól-ach**	**twarjenj-ach**

Eigenschaftswörter

Eigenschaftswörter (Adjektive) stehen wie im Deutschen vor dem zugehörigen Hauptwort und richten sich in Zahl (Numerus), grammatischem Geschlecht (Genus) und Fall (Kasus) nach diesem (Kongruenz!).

rjany dom (m)	**rědny dom** (m)	ein/das schöne Haus (s)
rjana Łužica (w)	**rědna Łužyca** (w)	die schöne Lausitz (w)
rjane awto (s)	**rědne awto** (s)	ein/das schöne Auto (s)

In der folgenden Übersicht sind die Beugungsendungen des 1. Falls nur an den obersorbischen Beispielen **rjany** „schön" und **rědki** „selten" dargestellt, da die niedersorbischen Eigenschaftswörter im 1. Fall die gleichen Beugungsendungen haben.

Die nach einem Schrägstrich angeführten Endungen werden nur dann verwendet, wenn sich das Eigenschaftswort auf Personen bezieht. Im Niedersorbischen gibt es diese Sonderformen allerdings nicht. Die Beugungsendungen sind hier durch einen Bindestrich getrennt dargestellt.

	Ez	Zz	Mz
m	**rjan-y**	**rjan-ej/-aj**	**rjan-e/-i**
w	**rjan-a**	**rjan-ej**	**rjan-e**
s	**rjan-e**	**rjan-ej**	**rjan-e**
m	**rědk-i**	**rědk-ej/-aj**	**rědk-e/rědc-y** (W!)
w	**rědk-a**	**rědk-ej**	**rědk-e**
s	**rědk-e**	**rědk-ej**	**rědk-e**

Beugung der Eigenschaftswörter

Zum Nachschlagen können Sie die folgenden, vollständigen Beugungstabellen benutzen. Die Beugung für alle grammatischen Fälle wird hier an **rjany/rědny** „schön“ und **lochki/lažki** „leicht“ gezeigt.

Beachten Sie: Wenn sich das Eigenschaftswort in der Einzahl auf ein männliches Lebewesen bezieht, müssen Sie die Form in der Zeile „m bel“ verwenden. In der Zwei- und Mehrzahl verwenden Sie das gebeugte Eigenschaftswort in der Zeile „m Pers“ immer dann, wenn es sich auf eine Gruppe mit mindestens einer männlichen Person bezieht.

Ez	m/s	w	m/s	w
1	**rjan-y/-e**	**rjan-a**	**rědn-y/-e**	**rědn-a**
2	**rjan-eho**	**rjan-eje**	**rědn-ego**	**rědn-eje**
3	**rjan-emu**	**rjan-ej**	**rědn-emu**	**rědn-ej**
4	**rjan-y/-e**	**rjan-u**	**rědn-y/-e**	**rědn-u**
4 m bel	**rjan-eho**		**rědn-ego**	
5	**rjan-ym**	**rjan-ej**	**rědn-ym**	**rědn-eju**
6	**rjan-ym**	**rjan-ej**	**rědn-em**	**rědn-ej**
Zz	**m/w/s**		**m/w/s**	
1	**rjan-ej**		**rědn-ej**	
1 m Pers	**rjan-aj**		**rědn-ej**	
2	**rjan-eju**		**rědn-eju**	
3	**rjan-ymaj**		**rědn-yma**	
4	**rjan-ej**		**rědn-ej**	
4 m Pers	**rjan-eju**		**rědn-eju**	
5	**rjan-ymaj**		**rědn-yma**	
6	**rjan-ymaj**		**rědn-yma**	
Mz	**m/w/s**		**m/w/s**	
1	**rjan-e**		**rědn-e**	
1 m Pers	**rjan-i**		**rědn-e**	
2	**rjan-ych**		**rědn-ych**	
3	**rjan-ym**		**rědn-ym**	
4	**rjan-e**		**rědn-e**	
4 m Pers	**rjan-ych**		**rědn-ych**	
5	**rjan-ymi**		**rědn-ymi**	
6	**rjan-ych**		**rědn-ych**	

Eigenschaftswörter auf **g, h, k** sowie auch obersorbische Eigenschaftswörter auf **ch** weisen einige Abweichungen vom Beugungsschema auf, die hier am Beispiel **lochki**/lažki „leicht“ gezeigt werden.

Ez	m/s	w	m/s	w
1	**lochk-i/-e**	**lochk-a**	lažk-i/-e	lažk-a
2	**lochk-eho**	**lochk-eje**	lažk-ego	lažk-eje
3	**lochk-emu**	**lochk-ej**	lažk-emu	lažk-ej
4	**lochk-i/-e**	**lochk-u**	lažk-i/-e	lažk-u
4 m bel	**lochk-eho**		lažk-ego	
5	**lochk-im**	**lochk-ej**	lažk-im	lažk-eju
6	**lochk-im**	**lochk-ej**	lažk-em	lažk-ej
Zz	**m/w/s**		**m/w/s**	
1	**lochk-ej**		lažk-ej	
1 m Pers	**lochk-aj**		lažk-ej	
2	**lochk-eju**		lažk-eju	
3	**lochk-imaj**		lažk-ima	
4	**lochk-ej**		lažk-ej	
4 m Pers	**lochk-eju**		lažk-eju	
5	**lochk-imaj**		lažk-ima	
6	**lochk-imaj**		lažk-ima	
Mz	**m/w/s**		**m/w/s**	
1	**lochk-e**		lažk-e	
1 m Pers	**loch-cy** (W!)		lažk-e	
2	**lochk-ich**		lažk-ich	
3	**lochk-im**		lažk-im	
4	**lochk-e**		lažk-e	
4 m Pers	**lochk-ich**		lažk-ich	
5	**lochk-imi**		lažk-imi	
6	**lochk-ich**		lažk-ich	

Umstandswörter

Die Umstandswörter der Zeit und des Ortes finden Sie in der rechten inneren Umschlagklappe. Alle weiteren Umstandswörter, die nicht von einem Eigenschaftswort abgeleitet sind, stehen im Vokabelteil.

Um aus einem Eigenschaftswort ein Umstandswort der Art und Weise zu bilden, wird die männliche Endung **-y** des Eigenschaftswortes durch **-(j)e,** ein **-i** durch **-jo** und ein **-ki** durch **-ko** ersetzt. Manchmal müssen auch die Regeln des Mitlautwechsels auf den Stammauslaut angewendet werden. Als „Stammauslaut" wird derjenige Mitlaut bezeichnet, den man erhält, wenn man die Endung (hier z. B. **-y**) abstreicht. Im Obersorbischen kommt es zusätzlich manchmal zu einem Wechsel des betonten Selbstlautes im Wortstamm. Die Bildung der abgeleiteten Umstandswörter ist im Nieder- und Obersorbischen identisch. In der folgenden Tabelle finden Sie daher nur die obersorbische Bildung.

Eine weitere Ausnahme macht die Endung **-ski** *(z. B.* **serbski** *„sorbisch"). Im Obersorbischen wird hier zur Bildung des Umstandswortes* **-ski** *durch* **-sce** *ersetzt. Im Niedersorbischen bleibt es unverändert, hier lauten Eigenschafts- und abgeleitetes Umstandswort gleich.*

Eigenschafts-wort	Umstands-wort	
spěšn-y	**spěšn-je**	schnell
tun-i	**tun-jo**	preiswert
blis-ki	**blis-ko**	nah
rjan-y	**rjen-je/rědn-je**	schön
dobr-y	**der-je**	gut

Umstandswörter stehen meist vor dem Verb:

Wón rano přińdźe.
er früh[U] kommt(-er)
Er kommt früh.

Wón rano pśiźo.
er früh[U] kommt(-er)
Er kommt früh.

Steigern & Vergleichen

Sorbische Eigenschaftswörter können gesteigert werden, indem (abhängig vom grammatischen Geschlecht) bestimmte Endungen an den Wortstamm angefügt werden. Auch das gesteigerte Eigenschaftswort steht vor dem Hauptwort, auf das es sich bezieht, und richtet sich in Zahl, grammatischem Geschlecht und Fall nach diesem.

1. Steigerungsstufe (Komparativ)

Um die 1. Steigerungsstufe, z. B. „schöner, größer, älter", zu bilden, wird der letzte Selbstlaut des Eigenschaftswortes durch die passende Steigerungsendung (die für Nieder- und Obersorbisch geringfügig anders lauten) ersetzt.

m	w	s
-(i)ši	**-(i)ša**	**-(i)še**
-(jej)šy	**-(jej)ša**	**-(jej)še**

Bei der Steigerung einiger zweisilbiger Eigenschaftswörter werden die Endungen **-ši**, **-ša**, **-še** (OS) bzw. **-šy**, **-ša**, **-še** (NS) angehängt:

star-y	**star-ši**/**star-šy**	**star-ša**	**star-še**
alt	älterer	ältere	älteres

Weitere wichtige Eigenschaftswörter, die genauso gesteigert werden, sind **nowy** „neu", **młody** „jung", **bohaty**/**bogaty** „reich", **tuni** „billig" und **chudy** „arm".

Bei der Steigerung der meisten zwei- und mehrsilbigen Eigenschaftswörter werden jedoch die längeren Endungen **-iši**, **-iša**, **-iše** (OS) bzw. **-jejšy**, **-jejša**, **-jejše** (NS) verwendet. Dabei kommt es oft zu einem so genannten Mitlautwechsel im Stammauslaut:

syln-y	**syln-iši**	**syln-iša**	**syln-iše**
mócn-y	**mócn-jejšy**	**mócn-jejša**	**mócn-jejše**
stark	stärkerer	stärkere	stärkeres
čist-y	**čisć-iši** (W!)	**čisć-iša** (W!)	**čisć-iše** (W!)
cyst-y	**cysć-ejšy**	**cysć-ejša**	**cysć-ejše**
rein	reinerer	reinere	reineres

Die Regeln des Mitlautwechsel finden Sie im Kapitel „Mitlautwechsel". Allerdings gibt es einige Ausnahmen. Die folgenden Sonderformen sollte man kennen:

Angegeben ist jeweils nur die männliche Grund- und gesteigerte 1. Form. Um die weibliche und sächliche gesteigerte Form zu erhalten, ersetzen Sie die männliche Endung (hier durch Bindestrich abgetrennt) durch die gewünschte (s. o.).

Grundform (m)	1. Steigerung (m)
droh-i/**drog-i** „teuer"	**dro-ši**/**dro-šy**
krótk-i/**krotk-i** „kurz"	**krót-ši**/**krot-šy**
wulk-i/**wjelik-i** „groß"	**wjet-ši**/**wět-šy**
mał-y „klein"	**mjeń-ši**/**mjeń-šy**
dobr-y „gut"	**lěp-ši**/**lěp-šy**
dalok-i „weit"	**dal-ši**/**dal-šy**
hłubok-i/**dłymok-i** „tief"	**hłub-ši**/**dłym-šy**
zły „schlimm"	**hór-ši**/**gór-šy**
blisk-i „nah"	**bli-ši**/**bli-šy**

2. Steigerungsstufe (Superlativ)

Um die 2. Steigerungsstufe zu bilden, wird dem gesteigerten Eigenschaftswort (1. Steigerungsstufe) die Vorsilbe **naj-** (OS) bzw. **nej-**

(NS) vorangestellt. Um die weibliche und sächliche gesteigerte Form zu erhalten, ersetzen Sie auch hier die männliche Endung (durch Bindestrich abgetrennt) durch die gewünschte (s. o.). Die Vorsilbe verändert sich dabei nicht.

syln-y	**syln-iši**	**naj-syln-iši**
mócn-y	**mócn-jejšy**	**nej-mócn-jejšy**
stark	stärkerer	stärkster

Einige Eigenschaftswörter werden durch Voranstellen von **bóle** (OS) bzw. **wěcej** (NS) (1. Steigerungsstufe) und **najbóle** (OS) bzw. **nejwěcej** (NS) (2. Steigerungsstufe) gebildet. Es handelt sich hierbei oftmals um Fremdwörter oder um Eigenschaftswörter, die von Verben als Mittelwörter (Partizipien) abgeleitet wurden.

bóle wobdarjeny/wobdarjena
wěcej wobdarjony/wobdarjona
mehr begabt$^{m/w}$
begabter

droh-i/drog-i (m) teuer	**předroh-i/pśedrog-i** (der) zu teure
wulk-i/wjelik-i (m) groß	**přewulk-i/pśewjelik-i** (der) zu große
mał-y/mał-y (m) klein	**přemał-y/pśemał-y** (der) zu kleine

Um „zu (sehr) ...“ ausdrücken, wird vor das Eigenschaftswort die Vorsilbe **pře-** *(OS) bzw.* **pśe-** *(NS) gehängt.*

Vergleichen	**Lenka je rjeńša dyžli/hač Loiza.**
	Leńka jo rědnjejša niežli/ako Loiza.
Um Gegenstände/Personen zu vergleichen, braucht man **hač** *oder* **dyžli** *„als" und* **kaž** *„(so) wie" bzw.* **ako** *oder* **niežli** *„als" und* **ako** *„ (so) wie".*	*Lenka ist schönere[w] als Luise*
	Lenka ist schöner als Luise.
	Lenka je tak rjana kaž Loiza.
	Leńka jo tak rědna ako Loiza.
	Lenka ist so schöne[w] wie Luise
	Lenka ist so schön wie Luise.

Persönliche Fürwörter

Verwenden Sie die folgenden Tabellen nur zum Nachschlagen, nicht zum Auswendiglernen! Fürs Erste benötigen Sie nur die persönlichen Fürwörter im 1. Fall (also „ich, du, er, sie, es" usw.).

Persönliche Fürwörter (Personalpronomen) können wie im Deutschen gebeugt werden (z. B. „ich, mir, mich" usw.). Darüber hinaus existiert neben der Mehrzahl auch hier die bereits bekannte „Zweizahl" (Dual), die anzeigt, dass es sich um genau zwei Personen handelt.

Die Fälle werden im Folgenden immer durch Fallnummern angegeben (zur Bedeutung und Anwendung der Fälle s. Kap. „Fälle & Beugung"). Eine Form in Klammern steht nur nach Verhältniswörtern (Präpositionen). Die Kurzformen **će** und **ći** stehen nur im Satzinnern und nie nach Verhältniswörtern. Nur wenn die niedersorbische Form von der obersorbischen abweicht, ist sie nach einem Schrägstrich zusätzlich angeführt:

Einzahl				
1	ich	**ja**	du	**ty**
2	meiner	**mje (mnje)/mě (mnjo)**	deiner	**tebje**
3	mir	**mi (mni)/mě (mnjo)**	dir	**tebi (ći)/tebje (śi)**
4	mich	**mje (mnje)/mě (mnjo)**	dich	**tebje (će)/tebje (śi)**
5	mit mir	**ze mnu**	mit dir	**z tobu**
6	auf mir	**na mni/mnjo**	auf dir	**na tebi/tebje**
1	er	**wón**	sie	**wona/wóna**
2	seiner	**(n)jeho/(n)jogo**	ihrer	**(n)jeje**
3	ihm	**(n)jemu/(n)jomu**	ihr	**(n)jej**
4	ihn (bel)	**(n)jeho/(n)jogo**	sie	**(n)ju**
4	ihn (unbel)	**(n)jón/(n)jen**		
5	mit ihm	**z nim**	mit ihr	**z njej/njeju**
6	auf ihm	**na nim/njom**	auf ihr	**na njej**
1	es	**wono/wóno**		
2	seiner	**(n)jeho/(n)jogo**		
3	ihm	**(n)jemu/(n)jomu**		
4	es	**(n)jo**		
5	mit ihm	**z nim**		
6	auf ihm	**na nim/njom**		
Zweizahl				
1	wir beide	**mój/mej**	ihr beide	**wój/wej**
2	unser beider	**naju**	euer beider	**waju**
3	uns beiden	**namaj/nama**	euch beiden	**wamaj/wama**
4	uns beide	**naju**	euch beide	**waju**
5	mit uns beiden	**z namaj/nama**	mit euch beiden	**z wamaj/wama**
6	auf uns beiden	**na namaj/nama**	auf euch beiden	**na wamaj/wama**
1	sie beide	**wonej/wónej**	sie (m Pers) beide	**wonaj/wónej**
2	ihrer beider	**(n)jeju**		
3	ihnen beiden	**jimaj (nimaj)/jima (nima)**		
4	sie beide	**(n)jej**	sie (m Pers) beide	**(n)jeju**
5	mit ihnen beiden	**z nimaj/nima**		
6	auf ihnen beiden	**na nimaj/nima**		

Mehrzahl						
1	wir	**my**	ihr	**wy**	sie	**wone/wóni**
1					sie (m Pers)	**woni/wóni**
2	unser	**nas**	euer	**was**	ihrer	**jich (nich)**
3	uns	**nam**	euch	**wam**	ihnen	**jim (nim)**
4	uns	**nas**	euch	**was**	sie	**(n)je**
4					sie (m Pers)	**jich (nich)**
5	mit uns	**z nami**	mit euch	**z wami**	mit ihnen	**z nimi**
6	auf uns	**na nas**	auf euch	**na was**	auf ihnen	**na nich**

In der 3. Person Zwei- und Mehrzahl wird unterschieden, ob es sich um eine Gruppe handelt, in der mindestens eine männliche Person ist oder nicht. Für eine gemischte Gruppe verwendet man die männliche Zwei- bzw. Mehrzahl.

Besitzanzeigende Fürwörter

Die besitzanzeigenden Fürwörter (Possessivpronomen) stehen wie Eigenschaftswörter vor dem Hauptwort, auf das sie sich beziehen und richten sich in Fall, grammatischem Geschlecht und Zahl nach diesem, ihre Verwendung entspricht also der im Deutschen. Gebeugt werden sie wie das Eigenschaftswort **lochki/lažki** „leicht" (s. Kap. „Eigenschaftswörter"). Im Obersorbischen wird bei der

Beugung dieser Fürwörter übrigens aus **ó** ein einfaches **o.**

m	w	s	
mój	**moja**/**mója**	**moje**/**mójo**	mein(e)
twój	**twoja**/**twója**	**twoje**/**twójo**	dein(e)
jeho/**jogo**	**jeho**/**jogo**	**jeho**/**jogo**	sein(e)
jeje	**jeje**	**jeje**	ihr(e)
naš	**naša**	**naše**/**našo**	unser(e)
waš	**waša**	**waše**/**wašo**	eur(e)
jich	**jich**	**jich**	ihr(e) (Mz)

In der nebenstehenden Tabelle steht nur der 1. Fall Ez der besitzanzeigenden Fürwörter, im Tabellenkopf steht jeweils das grammatische Geschlecht des Gegenstandes (Ez), der besessen wird.

Wenn der „besessene" Gegenstand in der Zwei- oder Mehrzahl steht, werden an die besitzanzeigenden Fürwörter weitere Endungen angefügt. Lediglich die besitzanzeigenden Fürwörter der 3. Person (**jeho**/**jogo, jeje, jeju** und **jich**) sind grundsätzlich unveränderlich (sie lauten übrigens auch in allen grammatischen Fällen gleich).

Zz		Mz	
-aj (m Pers)/**-ej**	**-ej**	**-i** (m Pers)/**-e**	**-e**

mój bratr	**moj-a sotra**	**moj-e město**
mój bratš	**mój-a sotša**	**mój-o město**
mein Bruder	meine Schwester	meine Stadt

waš-i hosćojo	**moj-e sotry**	**waš-e awta**
waš-e gósći	**mój-e sotšy**	**waš-e awta**
eure Gäste	meine Schwester	eure Autos

Besitzanzeigende Fürwörter

Mój *„mein" können Sie durch* **twój/naš/waš** *austauschen. Hinter dem Schrägstrich steht jeweils die abweichende sächliche Form.*

	m/s	w	m/s	w
1	**mój/moj-e**	**moj-a**	**mój/mój-o**	**mój-a**
2	**moj-eho**	**moj-eje**	**mój-ogo**	**mój-eje**
3	**moj-emu**	**moj-ej**	**mój-omu**	**mój-ej**
4	**mój/moj-e**	**moj-u**	**mój/mój-o**	**mój-u**
4 m bel	**moj-eho**		**mój-ogo**	
5	**moj-im**	**moj-ej**	**mój-im**	**mój-eju**
6	**moj-im**	**moj-ej**	**mój-om**	**mój-ej**

Achtung: Wenn sich das besitzanzeigende Fürwort auf den Satzgegenstand (Subjekt) zurück bezieht (z. B. „Ihr habt euren Zug verpasst."), dann wird für alle Besitzer das besitzanzeigende Fürwort **swój** verwendet. Dieses wird dann je nach grammatischem Geschlecht, Fall und Zahl des Besessenen (!) wie **mój** gebeugt (s. o.). Vergleichen Sie:

Mit einfachem besitzanzeigenden Fürwort ...

Ja sym twojeho přećela w měsće zmakał/-a.
Ja som twójogo pśijaśela w měsće zmakał/-a.
ich bin dein$^{m\text{-}bel4}$ Freund^{4} in Stadt^{6} getroffen$^{m/w}$
Ich$^{m/w}$ habe deinen Freund in der Stadt getroffen.

Mit rückbezüglichem besitzanzeigenden Fürwort ...

Ja sym swojeho přećela w měsće zmakał/-a.
Ja som swójogo pśijaśela w měsće zmakał/-a.
ich bin eigener$^{m\text{-}bel4}$ Freund^{4} in Stadt^{6} getroffen$^{m/w}$
Ich$^{m/w}$ habe meinen Freund in der Stadt getroffen.

Wenn Sie jedoch statt **swój** das besitzanzeigende Fürwort **mój** verwenden, werden Sie sicherlich auch verstanden.

Dieses & Jenes, Alle & Ganz

Die hinweisenden Fürwörter (Demonstrativpronomen) **tón, ta, to** (OS) bzw. **ten, ta, to** (NS) „dies(er), diese, dieses“ sowie **wony, wona, wone** (OS) bzw. **wóny, wóna, wóne** (NS) „jener, jene, jenes“ stimmen mit dem Wort, auf das sie sich beziehen in grammatischem Geschlecht, Fall und Zahl überein.

Ez	m/s	w	m/s	w
1	**t-ón/t-o**	**t-a**	t-en/t-o	t-a
2	**t-oho**	**t-eje**	t-ogo	t-eje
3	**t-omu**	**t-ej**	t-omu	t-ej
4	**t-ón/t-o**	**t-u**	t-en/t-a	t-u
4 m bel	**t-oho**	–	t-ogo	–
5	**t-ym**	**t-ej**	t-ym	t-eju
6	**t-ym**	**t-ej**	t-om	t-ej
Zz			**Mz**	
1	**t-ej**	t-ej	**t-e**	t-e
1 m Pers	**t-aj**	t-ej	**ći**	t-e
2	**t-eju**	t-eju	**t-ych**	t-ych
3	**t-ymaj**	t-yma	**t-ym**	t-ym
4	**t-ej**	t-ej	**t-e**	t-e
4 m Pers	**t-eju**	t-eju	**t-ych**	t-ych
5	**t-ymaj**	t-yma	**t-ymi**	t-ymi
6	**t-ymaj**	t-yma	**t-ych**	t-ych

Wony/wóny *wird wie das Eigenschaftswort* **rjany** *(s. Kap. „Eigenschaftswörter“) gebeugt.*

to awto
to awto
dieses^s Auto
dieses Auto

te awta
te awta
diese^Mz Autos
diese Autos

In der Umgangssprache werden die hinweisenden Fürwörter auch gerne wie bestimmte Artikel verwendet. Zur Bestärkung werden diese Fürwörter häufig zusätzlich mit der Vorsilbe **tu-** (OS) bzw. mit vorangestelltem **toś** (NS) versehen: **tutón, tuta, tuto** (OS) bzw. **toś ten, toś ta, toś to** (NS).

tuto město	**ta Łužica**
toś to město	**ta Łužyca**
da(-)dieses[s] Stadt	*diese[w] Lausitz*
diese Stadt	die Lausitz

alle & ganz/gesamt

Das Fürwort **wšón** *wird so gebeugt, als wäre es ein Eigenschaftswort mit der Grundform „***wši***" (diese Form gibt es sonst nicht!). Seine Ersatzform wird so gebeugt, als wäre es ein Eigenschaftswort mit der Grundform „***wšitki***" (diese Form gibt es auch sonst nicht!). Das niedersorbische* **wšen** *wird allerdings genauso wie* **ten** *gebeugt (s. o.).*

Ein weiteres wichtiges Fürwort ist **wšón, wša, wšo** (OS) bzw. **wšen, wša, wšo** (NS), welches in ähnlichen Situationen wie **wšitkón, wšitka, wšitko** (OS) bzw. **wšyken, wšykna, wšykno** (NS) mit synonymer Bedeutung gebraucht wird. In der Mehrzahl wird es mit „alle" übersetzt, in der Einzahl bedeutet es „ganz, gesamt".

Ez	m/s	w	m/s	w
1	wš-ón/-o	wš-a	wš-en/-o	wš-a
2	wš-eho	wš-eje	wš-ogo	wš-eje
3	wš-emu	wš-ej	wš-omu	wš-ej
4	wš-ón/-o	wš-u	wš-en/-a	wš-u
4 m bel	wš-eho	–	wš-ogo	–
5	wš-ěm	wš-ej	wš-ym	wš-eju
6	wš-ěm	wš-ej	wš-om	wš-ej

Mz	m/w/s	m/w/s
1	**wš-ě**	wš-e
2	**wš-ěch**	wš-ych
3	**wš-ěm**	wš-ym
4	**wš-ě**	wš-e
4 m Pers	**wš-ěch**	wš-ych
5	**wš-ěmi**	wš-ymi
6	**wš-ěch**	wš-ych

Eine Zweizahl existiert von **wšón/wšen** *nicht! Die männliche und sächliche Form sind bis auf zwei Ausnahmen (nach dem Schrägstrich genannt) immer identisch.*

wšón swět
wšen swět
ganzer^m Welt
die ganze Welt

wšitcy ludźo
wšykne luźe
alle^mPers Leute
alle Leute

Verhältniswörter

Die Verhältniswörter (Präpositionen) stehen wie im Deutschen vor dem Hauptwort, auf das sie sich beziehen, und verlangen von diesem jeweils einen bestimmten Fall. Einige Verhältniswörter können auch (je nach Bedeutung) verschiedene Fälle verlangen. So bedeutet **na domje** „auf dem Haus“ (6. Fall), **na dom** jedoch „auf das Haus“ (4. Fall).

Folgende Verhältniswörter verlangen, dass das zugehörige Hauptwort im 2. Fall (Genitiv) gebeugt wird. Das eingeklammerte **-e, -u** oder **-y** wird immer dann eingesetzt, wenn ansonsten zwei gleiche oder mehrere, schwer auszusprechende Mitlaute aufeinander folgen würden.

Falls das niedersorbische Verhältniswort vom Obersorbischen abweicht, wird es nach dem Schrägstrich angegeben.

Den 2. Fall (Genitiv) verlangen ...

bjez(e)/bźez(e)	ohne
blisko	nahe
dla	wegen
do	nach, in (wohin?)
nimo/mimo	außer, an ... vorbei
wokoło	um ... herum
wot(e)/wót(e)	von, ab
z(e)	aus, von

Den 3. Fall (Dativ) verlangen ...

k(e)/k(u)	zu, nach
napřećo/napśeśiwo	gegenüber
přećiwo/pśeśiwo	gegen

Den 4. Fall (Akkusativ) verlangen ...

na	auf (wen/was?)
nad(e)	über (wen/was?)
pod(e)/pód(e)	unter (wen/was?)
před(e)/pśed(e)	vor (wen/was?)
přez/pśez	durch, über (Richtg.)
wo/wó	um (wen/was?)
za	für, hinter (wen/was?)

Den 5. Fall (Instrumental) verlangen ...

mjez(y)/mjaz(y)	zwischen
nad(e)	über (wem?)
pod(e)/pód(e)	unter (wem?)
před(e)/pśed(e)	vor (wem?)
z(e)	mit
za	hinter (wem?)

Den 6. Fall (Lokativ) verlangen ...

na	auf (wem?)
po/pó	nach (wem?), entlang
při/pśi	bei, an (wem?)
w(e)	in (worin/wo?)
wo/wó	über (wen?)

do města/**do města** *nach Stadt*[2]	in die Stadt (2. Fall „wohin?")
w měsće/**w měsće** *in Stadt*[6]	in der Stadt (6. Fall „wo?")
při domje/**pśi domje** *bei Haus*[6]	bei dem Haus (6. Fall „wo?")

Um bei mehreren Möglichkeiten den richtigen Fall herauszufinden, stellt man die entsprechende Hilfsfrage.

Verben & Gegenwart

Die sorbischen Verben (Tätigkeitswörter) unterscheiden zwar keine belebten/unbelebten Formen, jedoch Personen- und Nicht-Personen-Formen und kennen neben Ein- und Mehrzahl auch eine Zweizahl (Dual). Das persönliche Fürwort kann, anders als im Deutschen, jederzeit weggelassen werden, wenn aus dem Textzusammenhang ersichtlich wird, wer die handelnde Person ist.

Grundform

Sorbische Verben enden in der Grundform (Infinitiv) meist auf **-ć**/**-ś**, selten auch auf **-c.** Sie werden in 3 (im Niedersorbischen sogar in 4) Beugungsklassen (Konjugationen) eingeteilt.

Beugungsklassen

Die Einteilung in Beugungsklassen hängt in der Regel vom auslautenden Selbstlaut des Verbs in der Grundform (Infinitiv) ab. Nach der **e**/**je**-Beugung des Obersorbischen werden alle Verben auf **-nyć, -ować** und **-c** gebeugt. Die **o**/**(j)o**-Beugung des Niedersorbischen greift bei allen Verben auf **-nuś, -owaś** und **-c.**

1a	**a**-Beugung (**čitać**/**cytaś** „lesen“, **pytać**/**pytaś** „suchen“)
1b	spezielle Form der **a**-Beugung im Obersorbischen (**porjedźeć** „reparieren“, **dowoleć** „erlauben“)
2a	**i**-Beugung (OS + NS) (**prajić**/**groniś** „machen“)
2b	**y**-Beugung (nur NS!) (**žycyś** „wünschen“)
3a	**(j)e**-Beugung (nur OS!) (**rejować** „tanzen“, **wuknyć** „lernen“)
3b	**(j)o**-Beugung) (nur NS!) (**rejowaś** „tanzen“, **wuknuś** „lernen“)

Beugungsklasse 1a Bei diesem Beugungsmuster wird lediglich die Endung **-ć**/**-ś** der Grundform durch die entsprechende Personalendung ausgetauscht.

Beugungsklasse 1b Bei dieser Beugungsklasse wird der Selbstlaut **-e** (am Ende des Verbstamms) durch **-a** ersetzt, wenn die Beugungsendung mit einem harten Mitlaut beginnt.

Beugungsklasse 2a Auch für die **i**-Beugung gilt, dass das **-ć**/**-ś** durch die Personalendung ausgetauscht wird. Allerdings gibt es in der 1. Person Einzahl und 3. Person Mehrzahl etwas andere Formen (s. Tabelle unten).

Beugungsklasse 2b Bei diesem Beugungsmuster wird lediglich die Endung **-ś** der Grundform durch die entsprechende Personalendung ausgetauscht. Achtung: Bei der 3. Person Mehrzahl („sie“) wird die Endung **-yś** ausgetauscht, und zwar durch **-e.** Es gibt auch einige obersorbische Verben auf **-yć.** Diese werden aber so behandelt, als würden sie auf **-ić** enden. Hierbei wandeln in der 1. Person Einzahl und 3. Person Mehrzahl **s** zu **š** und **z** zu **ž.**

Beugungsklasse 3a Hier wird die Endung **-ować** der Grundform durch **-uje-** plus der entsprechenden Personalendung und **-nyć** durch **-nje-** plus der entsprechenden Personalendung ersetzt. Achtung: Bei der 1. Person Einzahl („ich") und der 3. Person Mehrzahl („sie") entfällt das **e** von **-uje-**. An **-uj-** wird dann nur **-u** angehängt, bei den **nyć**-Verben lautet die Endung dann **-nu.**

Beugungsklasse 3b

Hier wird die Endung **-owaś** der Grundform durch **-ujo-** plus der entsprechende Personalendung ersetzt. **-nuś** wird durch **-njo-** plus der entsprechenden Personalendung ersetzt. Achtung: In der 3. Person Mehrzahl („sie") entfällt das **o** von **-ujo-**. An **-uj-** wird auch hier dann nur **-u** angehängt, bei den **nuś**-Verben lautet die Endung dann **-nu.**

Gegenwart (Präsens)

Damit Sie die Verben der richtigen Beugungsklasse zuordnen können, wird in allen Wörterlisten im Konversationsteil und im Anhang die Beugungsklasse immer in Klammern angegeben. Unregelmäßige Verben sind darüber hinaus mit einem Sternchen (*) gekennzeichnet.

Ez		ich	du	er, sie, es
1a	**čita-ć** „lesen"	**čita-m**	**čit-aš**	**čit-a**
1a	**cyta-ś** „lesen"	**cyta-m**	**cyt-aš**	**cyta**
1b	**porjedźe-ć** „reparieren"	**porjedźa-m**	**porjedźe-š**	**porjedźa**
2a	**praj-iś** „sagen"	**praj-u**	**praj-iš**	**praj-i**
2a	**gron-iś** „sagen"	**gron-im**	**gron-iš**	**gron-i**
2b	**žyc-yś** „wünschen"	**žyc-ym**	**žyc-yš**	**žyc-y**
3a	**rej-owaś** „tanzen"	**rej-uju**	**rej-uješ**	**rej-uje**
3b	**rej-owaś** „tanzen"	**rej-ujom**	**rej-ujoš**	**rej-ujo**

Zz	wir beide	ihr (m Pers) ...	ihr beide	sie (m Pers) ...	sie beide
1a	čita-moj	čita-taj	čita-tej	čita-taj	čita-tej
1a	cyta-mej	cyta-tej	cyta-tej	cyta-tej	cyta-tej
1b	porjedźa-moj	porjedźa-taj	porjedźa-tej	porjedźa-taj	porjedźa-tej
2a	praj-imoj	praj-itaj	praj-itej	praj-itaj	praj-itej
2a	gron-imej	gron-itej	gron-itej	gron-itej	gron-itej
2b	žyc-ymej	žyc-ytej	žyc-ytej	žyc-ytej	žyc-ytej
3a	rej-ujemoj	rej-ujetaj	rej-ujetej	rej-ujetaj	rej-ujetej
3b	rej-ujomej	rej-ujotej	rej-ujotej	rej-ujotej	rej-ujotej
Mz	**wir**	**ihr**		**sie**	
1a	čita-my	čita-će		čita-ja	
1a	cyta-my	cyta-śo		cyta-ju	
1b	porjedźa-my	porjedźe-će		porjedźe-ja	
2a	praj-imy	praj-iće		praj-a	
2a	gron-imy	gron-iśo		gron-je	
2b	žyc-ymy	žyc-yśo		žyc-e	
3a	rej-ujemy	rej-ujeće		rej-uja	
3b	rej-ujomy	rej-ujośo		rej-uju	

Im modernen Niedersorbisch wird bei perfektiven Verben (S. 57) der Beugungsklassen 1a, 2a und 2b bei der Beugung zwischen **a** bzw. **i** und Personalendung noch **jo** „eingeschoben“, was jedoch nicht zwingend notwendig ist. Die herkömmliche Bildung gilt als veraltet, wird aber gut verstanden.

Sein & Haben

Die sorbischen Verben **być/byś** „sein“ und **měć/měś** „haben, besitzen“ können sowohl Hilfs- als auch Vollverben sein.

Einzahl	być	byś	měć	měś
ich	sym	som	mam	mam
du	sy	sy	maš	maš
er, sie, es	je	jo	ma	ma
Zweizahl				
wir beide	smój	smej	mamoj	mamej
ihr beide (m Pers)	staj	stej	mataj	matej
ihr beide	stej	stej	matej	matej
sie beide (m Pers)	staj	stej	mataj	matej
sie beide	stej	stej	matej	matej
Mehrzahl				
wir	smy	smy	mamy	mamy
ihr	sće	sćo	maće	maśo
sie	su	su	maja	maju

Beugung in der Gegenwart

Die Bildung der beiden Verben ist unregelmäßig. Da man sie ständig benötigt, sollte man sie sich gut einprägen.

Sym stary/stara.
Som stary/stara.
bin alt[m/w]
Ich[m/w] bin alt.

Sym był/była w kinje.
Som był/była w kinje.
bin gewesen[m/w] in Kino[6]
Ich[m/w] bin im Kino gewesen.

Mam dobre awto.
Mam dobre auto.
habe gutes[s4] Auto[4]
Ich habe (besitze) ein gutes Auto.

Mam hišće něšto činić.
Mam hyšći něco cyniś.
habe noch etwas[4] tun
Ich habe noch etwas zu tun.

Bei der Konstruktion der sorbischen vollendeten Gegenwart (Perfekt) wird übrigens immer nur die gebeugte Form von **być/byś** *benötigt!*

Müssen, Dürfen, Wollen, Können

Mit Hilfe der Modalverben **dyrbjeć**/**musaś** „müssen" (bzw. OS auch „sollen"), **chcyć**/**kśěś** „wollen", **móc**/**móc** „können", **dejaś** „sollen" und **směć**/**směś** „dürfen" können Sie wie im Deutschen auch Sätze bilden, in denen nur das Modalverb gebeugt wird, und das Verb, um das es Ihnen eigentlich geht, in der Grundform (Infinitiv) nachstellen.

Beugung in der Gegenwart

Die Modalverben werden unregelmäßig gebeugt (hier nur die Tabellen für die Gegenwart).

	dyrbjeć	musaś	dejaś	chcyć
Einzahl				
ich	**dyrbju**	**musym**	**dejm**	**chcu**
du	**dyrbiš**	**musyš**	**dejš**	**chceš**
er, sie, es	**dyrbi**	**musy**	**dej**	**chce**
Zweizahl				
wir beide	**dyrbimoj**	**musymej**	**dejmej**	**chcemoj**
ihr (m Pers) beide	**dyrbitaj**	**musytej**	**dejtej**	**chcetaj**
ihr beide	**dyrbitej**	**musytej**	**dejtej**	**chcetej**
sie (m Pers) beide	**dyrbitaj**	**musytej**	**dejtej**	**chcetaj**
sie beide	**dyrbitej**	**musytej**	**dejtej**	**chcetej**
Mehrzahl				
wir	**dyrbimy**	**musymy**	**dejmy**	**chcemy**
ihr	**dyrbiće**	**musyśo**	**dejśo**	**chceće**
sie	**dyrbja**	**muse**	**deje**	**chcedźa**

Dyrbju wuknyć.
Musym wuknuś.
muss(-ich) lernen
Ich muss lernen.

Móžu wuknyć.
Móžom wuknuś.
kann(-ich) lernen
Ich kann lernen.

Dyrbiš něšto jěsć.
Musyš něco jěsć.
musst(-du) etwas[4] essen
Du musst etwas essen.

Chcu wuknyć.
Com wuknuś.
will(-ich) lernen
Ich will lernen.

Dyrbju wuknyć.
Dejm wuknuś.
soll(-ich) lernen
Ich soll lernen.

Chcu něšto jěsć.
Com něco jěsć.
will(-ich) etwas[4] essen
Ich will etwas essen.

Anstatt **wuknyć**/ **wuknuś** *oder* **jěsć** *kann jedes sinnvolle Verb in der Grundform eingesetzt werden, auch solche mit unregelmäßiger Beugung.*

kśěś	móc	móc	směć	směś
com	móžu	móžom	směm	smějom
coš	móžeš	móžoš	směš	smějoš
co	móže	móžo	smě	smějo
comej	móžemoj	móžomej	smějomej	smějomej
cotej	móžetaj	móžotej	smětaj	smějotej
cotej	móžetej	móžotej	smětej	smějotej
cotej	móžetaj	móžotej	smětaj	smějotej
cotej	móžetej	móžotej	smětej	smějotej
comy	móžemy	móžomy	smějomy	smějomy
cośo	móžeće	móžośo	směće	smějośo
kśě	móža	mógu	smědźa	směju

Rückbezügliche Verben

Anders als im Deutschen stehen **sej/so/se** *für jede mögliche Person und Anzahl. Das heißt, man kann sie als „mich, mir, dich, dir, sich, uns, euch" übersetzen.*

Rückbezügliche (reflexive) Verben erkennt man im Sorbischen an einem nachgestellten **so/se** nach der Grundform (Infinitiv), z. B. **radować so/wjaseliś se** „sich freuen". In kurzen Sätzen, die nur aus Satzgegenstand (Subjekt) und Verb bestehen, können sie entweder vor oder nach dem gebeugten Verb stehen, jedoch niemals am Satzanfang. Das reflexive Fürwort (Reflexivpronomen) **so/se** bleibt fast immer unverändert.

Nicht alle Verben, die im Sorbischen reflexiv sind, sind das zwangsläufig auch im Deutschen, z. B. **započeć so/ zachopiś se** *„anfangen, beginnen".*

Raduju so na dźensa wječor.
Wjaselim se na źinsa wjacor.
freue(-ich) sich auf heute Abend[4]
Ich freue mich auf heute Abend.

Předstajenje so zahe započnje.
Pśedstajenje se jěsno zachopijo.
Vorstellung sich früh anfängt
Die Vorstellung fängt früh an.

Wenn das reflexive Fürwort im Deutschen im 3. Fall steht, lautet es (nur) im Obersorbischen **sej.** Im Niedersorbischen bleibt es immer bei **se.**

My wobstaramy sej lisćiki za dźiwadło.
My wobstaramy se kórtki za źiwadło.
wir besorgen(-wir) sich[3] Karten[4] für Theater[4]
Wir besorgen uns Karten für das Theater.

Wenn das Verb mit einem Modalverb („müssen, wollen, können, dürfen, sollen") verbunden ist, stehen **sej**/**so**/**se** immer vor dem Verb, wenn auch nicht immer unmittelbar davor, denn eine mögliche Satzergänzung (Objekt) steht zwischen **sej**/**so**/**se** und dem Verb.

Směm sej prošu tute nowiny wzaś?
darf(-ich) sich³ bitte(-ich) da-diese^Mz4 Neuigkeiten⁴ nehmen
Smějom se pšosym toś ten casnik wześ?
darf(-ich) sich bitte(-ich) da dieser^m4 Zeitung⁴ nehmen
Dürfte ich mir bitte diese Zeitung nehmen?

Verben der Bewegung

Eine weitere Kategorie von Verben stellen die so genannten Verben der Bewegung dar. Sie werden teilweise anders gebeugt und angewendet als andere Verben. Von jedem Verb gibt es zwei Varianten. Die erste Variante bezieht sich darauf, ob die Bewegung zielgerichtet bzw. einmalig abläuft. Die zweite Variante beschreibt eine nicht zielgerichtete, immer wiederkehrende oder gewohnheitsmäßige Bewegung.

An den beiden Beispielen (s. nächste Seite) können Sie den Unterschied der Verbvarianten erkennen. Sie werden natürlich auch verstanden, wenn Sie lediglich die zielgerichtete Variante des jeweiligen Verbs nutzen.

Verben der Bewegung

Einzahl	hić	hyś	jěć	jěś
ich	**du**	źom	**jědu**	jěźom
du	**dźeš**	źoš	**jědźeš**	jěźoš
er, sie, es	**dźe**	źo	**jědźe**	jěźo
Zweizahl				
wir beide	**dźemoj**	źomej	**jědźemoj**	jěźomej
ihr beide (m Pers)	**dźetaj**	źotej	**jědźetaj**	jěźotej
ihr beide	**dźetej**	źotej	**jědźetej**	jěźotej
sie (m Pers) beide	**dźetaj**	źotej	**jědźetaj**	jěźotej
sie beide	**dźetej**	źotej	**jědźetej**	jěźotej
Mehrzahl				
wir	**dźemy**	źomy	**jědźemy**	jěźomy
ihr	**dźeće**	źośo	**jědźeće**	jěźośo
sie	**du**	du	**jědu**	jědu

Achtung: Beim Verb **hić**/**hyś** *wird (wenn eine Vorsilbe hinzukommt) im Obersorbischen ein* **-ń-** *und im Niedersorbischen ein* **-j-** *zwischen Vorsilbe und Verb eingeschoben.*

Chodźiš hišće do šule? (nicht zielgerichtet!)
Chójźiš hyšći do šule?
gehst(-du) noch nach Schule[2]
Gehst du noch in die Schule?

Haj, něto runje du tam. (zielgerichtet!)
Jo, něnto rowno źom tam.
ja, jetzt gerade[U] *gehe(-ich) dort*
Ja, ich gehe gerade dahin.

	zielgerichtet, einmalig	nicht zielgerichtet, gewohnheitsmäßig
gehen	**hić**/**hyś**	**chodźić**/**chójźiś** (2a)
fahren	**jěć**/**jěś**	**jězdźić**/**jězdźiś** (2a)
laufen	**běžeć** (2a)/**běžaś** (2b)	**běhać**/**běgaś** (1a)
fliegen	**lećeć**/**leśeś** (2a)	**lětać**/**lětaś** (1a)
rennen	**hnać**/**gnaś**	**ćěrić** (2a)/**ganjaś** (1a)
tragen	**njesć**/**njasć**	**nosyć** (2a)/**nosyś** (2b)

ćěrić/hnać	gnaś	njesć	njasć
ćěrju	ženjom	njesu	njasom
ćěriš	ženjoš	njeseš	njasoš
ćěri	ženjo	njese	njaso
ćěrimoj	ženjomej	njesemoj	njasomej
ćěritaj	ženjotej	njesetaj	njasotej
ćěritej	ženjotej	njesetej	njasotej
ćěritaj	ženjotej	njesetaj	njasotej
ćěritej	ženjotej	njesetej	njasotej
ćěrimy	ženjomy	njesemy	njasomy
ćěriće	ženjośo	njeseće	njasośo
ćěrja	ženu	njesu	njasu

Der Aspekt

Im Sorbischen tritt, wie aus slawischen Sprachen bekannt, eine besondere grammatische Erscheinung auf: der Aspekt. Für den deutschsprachigen Benutzer stellt das Erlernen des Aspekts eine besondere Schwierigkeit dar, da diese Erscheinung in der deutschen Sprache nicht existiert. Es handelt sich jedoch um eine sprachliche Feinheit, die selbst bei fehlerhafter Verwendung in der Regel kaum zu Verständigungsproblemen führt.

Beim Aspekt geht es darum, ob die im Verb beschriebene Handlung noch stattfindet oder sich wiederholt oder ob sie bereits abgeschlossen ist.

Von fast jedem Vollverb gibt es zwei Aspekt-Varianten: Tritt eine Handlung einmalig auf oder ist sie abgeschlossen (mit einem Ergebnis), dann wird die vollendete („perfektive") Aspektform des Verbs benötigt. Diese Verbform kann übrigens auch die Zukunft ausdrücken.

Verben im vollendeten Aspekt: perfektive Verben

Die Verben im vollendeten Aspekt, im Folgenden „perfektive Verben" genannt, haben oft eine Vorsilbe, sind nicht durch eine Silbe (Suffix), wie z. B. **-owa-, -wa-,** oder **-(j)e/-(j)a-,** erweitert und enden oft auf **-nyć/-nuś** oder **-ić/-iś.** Die Vorsilben haben bedeutungsunterscheidende Funktion (vgl. „unterschreiben, aufschreiben"), hier die wichtigsten:

do-	hin-, zu-, aufhören zu	**dohnać/dognaś**	hinrennen
na-	auf-, an-	**napisać/napisaś**	aufschreiben
pře-/pśe-	durch-, ver-	**předźěłać/pśeźěłaś**	durcharbeiten
před-/pśed-	vor-	**předpisać/pśedpisaś**	vorschreiben
roz-	auseinander-, zer-	**rozrězać/rozrězaś**	zersägen
wu-	aus-, er-	**wućahnyć/wuśěgnuś**	ausziehen (Wohnung)
za-	ver-, ein-, anfangen zu	**zapodać/zapódaś**	eingeben

Verben im unvollendeten Aspekt: imperfektive Verben

Drückt das Verb hingegen eine sich wiederholende, nicht abgeschlossene Handlung aus oder bezieht es sich auf die Gegenwart, spricht man vom unvollendeten Aspekt. Verben im unvollendeten Aspekt, im Folgenden auch „imperfektive Verben" genannt, enden in der Grundform (Infinitiv) oft auf **-ać/-aś.** Sie können auch aus perfektiven Verben plus einer Nachsilbe gebildet werden. Mögliche Nachsilben sind **-owa-, -wa-** sowie **-(j)e-/-(j)a-,** die dann vor die Endung der Grundform (**-ć**/**-ś**) geschoben werden. Dabei ersetzt **-owa-** den ursprünglichen Selbstlaut **a, i** oder **y.** Die Silbe **-wa-** wird nur bei Verben auf **-ać**/**-aś** verwendet und wird zwischen **-a-** und der Grundform-Endung **-ć**/**-ś** eingeschoben. Die Silbe **-(j)e-**/**-(j)a-** wird nur bei Verben der **i-**Beugung verwendet und ersetzt das **-i-** vor der Grundform-Endung **-ć**/**-ś** (die Form ohne **j** steht immer nach Zischlauten und weichen Mitlauten).

In der folgenden Tabelle wird gezeigt, wie aus einem perfektiven Verb ein imperfektives entsteht.

vollendet (perfektiv)	unvollendet (imperfektiv)	vollendet (perfektiv)	unvollendet (imperfektiv)	
přidać	**přidawać**	**pśidaś**	**pśidawaś**	zugeben
rozeznać	**rozeznawać**	**rozeznaś**	**rozeznawaś**	unterscheiden
pokazać	**pokazować**	**pokazaś**	**pokazowaś**	zeigen
wupisać	**wupisować**	**pśepisaś**	**pśepisowaś**	verschreiben (Medikament)
porjedźić	**porjedźeć**	**pórěźiś**	**pórěźaś**	reparieren
zežiwić so	**zežiwjeć so**	**zežywiś se**	**zežywjaś se**	sich ernähren

Vergleichen Sie folgende Sätze, die einmal mit dem Verb im perfektiven und dann im imperfektiven Aspekt formuliert sind:

Wčera sym tři listy napisał/napisała.
Cora som tśi listy napisał/napisała.
gestern bin drei[4] Briefe[4] geschrieben[m/w]
Gestern Abend habe ich[m/w] drei Briefe geschrieben. (... und bin damit fertig geworden, es ist also ein Resultat erzielt – also perfektiv)

Wčera wječor sym listy pisał/pisała.
Cora wjacor som listy pisał/pisała.
gestern Abend bin Briefe[4] geschrieben[m/w]
Gestern Abend habe ich[m/w] Briefe geschrieben. (Ich habe ein bisschen an den Briefen geschrieben und schreibe morgen vielleicht weiter. Es liegt also noch kein Resultat vor – also imperfektiv)

Verben in der Vergangenheit

Die Vorvergangenheit (Plusquamperfekt) hat sowohl im Ober- als auch Niedersorbischen so gut wie keine Bedeutung mehr und wird hier deshalb auch nicht vorgestellt.

Die Bildung der Vergangenheit im Sorbischen ist dem Deutschen sehr ähnlich. Doch es gibt auch kleinere Unterschiede. So wird z. B. in geschriebenem und gesprochenem Niedersorbisch fast ausschließlich die vollendete Gegenwart (Perfekt, z. B. „ich habe gelesen") verwendet; in der deutschen Übersetzung wird es jedoch sowohl als einfache Vergangenheit (Imperfekt z. B. „ich las"), vollendete Gegenwart oder vollendete Vergangenheit (Plusquamperfekt, z. B. „ich hatte gelesen") wiedergegeben.

Zudem gibt es im Obersorbischen neben dem Imperfekt noch eine weitere Vergangenheitsform, den Aorist, den wir im Deutschen nicht kennen.

vollendete Gegenwart (Perfekt)

Um das Perfekt zu bilden, kombiniert man das in der Gegenwart gebeugte Verb **być**/**byś**

„sein" (auch wenn man im Deutschen das Hilfsverb „haben" benutzen würde) mit der so genannten **ł**-Form desjenigen Verbs, das in die Vergangenheit gesetzt werden soll.

Die **ł**-Form wird gebildet, indem die Grundform-Endung **-ć**/**-ś** durch eine Endung ersetzt wird, die sich nach der handelnden Person richtet. Das grammatische Geschlecht wird jedoch nur berücksichtigt, wenn diese in der Einzahl steht (also bei „ich, du, er, sie (Ez)". Bei unregelmäßigen Verben kann sich außerdem der Stamm geringfügig ändern.

Für das Obersorbische sind alle drei Vergangenheitsformen (also Perfekt, Imperfekt und Aorist) sehr gebräuchlich, im Niedersorbischen verwendet man eigentlich nur noch das Perfekt.

	m	w	s
Einzahl	**-ł**	**-ła**	**-ło**
Zweizahl	**-łoj**/**łej**	**-łoj**/**łej**	**-łoj**/**łej**
Mehrzahl	**-li**	**-li**	**-li**

ł-Form

*Die **ł**-Form wird in der Wort-für-Wort-Übersetzung zwar mit dem Mittelwort der Vergangenheit (Partizip) übersetzt, funktioniert aber im Sorbischen anders als die Partizipien im Deutschen, da es veränderlich ist.*

Moja mać je loni wumrěła.
Mója maś jo łoni wumrěła.
meine Mutter ist letztes-Jahr gestorben[w]
Meine Mutter ist letztes Jahr gestorben.

Die vollendete Vergangenheit (Perfekt) von **być**/**byś** „sein" und **měć**/**měś** „haben" wird regelmäßig gebildet.

Smy doma byli.
Smy doma byli.
sind(-wir) zu-Hause gewesen[Mz]
Wir sind zu Hause gewesen.

Sym měł/měła zbožo.
Som měł/měła gluku.
bin gehabt[m/w] Glück[4]
Ich[m/w] habe Glück gehabt.

Verben in der Vergangenheit

einfache Vergangenheit (Imperfekt, Aorist)

Im Niedersorbischen sind das Imperfekt und der Aorist veraltet und finden sich nur noch in alten Texten. Im Obersorbischen hingegen sind sie noch sehr lebendig, so dass wir hier nur auf die Bildung der obersorbischen Formen eingehen wollen.

Die einfache Vergangenheit (z. B. „ich las") kann im Sorbischen durch zwei Vergangenheitsformen gebildet werden: Imperfekt und Aorist. Die einfache Vergangenheit wird in der Regel wie im Deutschen eingesetzt. Oftmals kann statt der beiden einfachen Vergangenheitsformen die vollendete Gegenwart (Perfekt) verwendet werden.

Von perfektiven (vollendeten) Verben bildet man den Aorist, von den imperfektiven Verben wird das Imperfekt gebildet. Der Aorist gilt als die übliche Erzählzeit, die einen in sich abgeschlossenen Vorgang (mit Anfang und Ende) in der Vergangenheit beschreibt, das Imperfekt hingegen ist eine Art Verlaufsform der Vergangenheit: Es beschreibt einen andauernden Vorgang, der nicht auf einen bestimmten Moment oder eine bestimmte Handlung beschränkt werden kann; auch eine wiederholte oder gewohnte Handlung kann so angezeigt werden.

Aorist

Der Aorist wird gebildet, indem die Grundform-Endung eines perfektiven Verbs **-ć** durch die Personalendungen des Aorists ersetzt werden. (Die Personalendung wird also an den Verbstamm angehängt.) In der 2. und 3. Person Einzahl gibt es gar keine Endung, es entfällt lediglich **-ć.**

ich	**-ch**	wir beide	**-chmoj**	wir	**-chmy**
du	–	ihr (m Pers) beide	**-štaj**	ihr	**-šće**
		ihr beide	**-štej**		
er, sie, es	–	sie (m Pers) beide	**-štaj**	sie	**-chu**
		sie beide	**-štej**		

Bei Verben der Beugungsklasse 1b verwandelt sich der auslautende Selbstlaut **-e-** zu **-a-,** wenn die Personalendung mit einem harten Mitlaut beginnt oder wenn es gar keine Personalendung gibt.

Grundform (Infinitiv)	1. Pers. Ez	2. Pers. Mz
napisa-ć (1a) „aufschreiben"	**napisa-ch**	**napisa-šće**
zwuporjedźe-ć (1b) „ausbessern"	**zwuporjedźa-ch**	**zwuporjedźe-šće**
přełoži-ć (2a) „übersetzen"	**přełoži-ch**	**přełoži-šće**
nawukny-ć (3a) „erlernen"	**nawukny-ch**	**nawukny-šće**

Imperfekt

Auch hier wird die Personalendung an die Grundform angehängt. Nur Verben, die auf **-ić** und **-nyć** enden (also nicht auf **-ć**), werden so behandelt, als ob sie auf **-eć** bzw. **-njeć** endeten, also wie die Verben der Beugungsklasse 1b. An den so gebildeten Stamm werden dann die Personalendungen des Imperfekts angehängt.

Die Imperfektendungen unterscheiden sich lediglich in der 2. und 3. Person Einzahl von den Aoristformen!

ich	**-ch**	wir beide	**-chmoj**	wir	**-chmy**
du	**-še**	ihr (m Pers) beide	**-štaj**	ihr	**-šće**
		ihr beide	**-štej**		
er, sie, es	**-še**	sie (m Pers) beide	**-štaj**	sie	**-chu**
		sie beide	**-štej**		

Auch verwandelt sich bei Verben der Beugungsklasse 1b sowie bei Verben auf **-ić** der auslautende Selbstlaut **-e-** zu **-a-**, wenn die Personalendung mit einem harten Mitlaut beginnt.

Grundform (Infinitiv)	1. Pers. Ez	2. Pers. Ez
pisa-ć (1a) „schreiben“	**pisa-ch**	**pisa-še**
porjedźe-ć (1b) „reparieren“	**porjedźa-ch**	**porjedźe-še**
łoži-ć (2a) „legen“	**łoža-ch**	**łože-še**
wukny-ć (3a) „lernen“	**wuknje-ch**	**wuknje-še**

vollendetes Verb im Aorist: **Wuhladnychmy jeho w měsće.**
erblickten(-wir) ihn⁴ in Stadt⁶
Wir haben ihn in der Stadt gesehen.

unvollendetes Verb im Imperfekt: **Cyłe lěto wuknjech serbsku rěč.**
ganzes^s4 Jahr⁴ lernte(-ich) sorbische^w4 Sprache⁴
Ein ganzes Jahr habe ich Sorbisch gelernt.

Verben in der Zukunft

Die Zukunftsform der Verben (z. B. „ich werde gehen“) kann auf zwei Weisen gebildet werden. Die erste Variante wird aus der Zukunftsform des Verbs **być**/**byś** „sein“ und der Grundform des Verbs, welches in die Zukunft gesetzt werden soll, gebildet. Dieses Verb kann im vollendeten („perfektiven“) oder unvollendeten („imperfektiven“) Aspekt stehen.

budu	**buźom**	ich werde
budźeš	**buźoš**	du wirst
budźe	**buźo**	er/sie/es wird
budźemoj	**buźomej**	wir beide werden
budźetaj	**buźotej**	ihr (m Pers) beide werdet
budźetej	**buźotej**	ihr beide werdet
budźetaj	**buźotej**	sie (m Pers) beide werden
budźetej	**buźotej**	sie beide werden
budźemy	**buźomy**	wir werden
budźeće	**buźošo**	ihr werdet
budu	**budu**	sie werden

Zukunftsformen des Hilfsverbs być/byś „sein“

Budźemoj jutře wotjěć.
Buźomej witśe wótjěś.
werden(-wir)[Zz] morgen abfahren
Wir werden morgen abreisen.

Die zweite Zukunftsform kennen Sie bereits! Sie wird mit der Gegenwartsform vollendeter („perfektiver“) Verben gebildet und drückt gleichzeitig auch die Zukunft aus. Im Deutschen lässt sich diese Form oft auch mit der deutschen Gegenwartsform übersetzen.

Ja dam Wam te knihi.
Ja dajom Wam te knigły.
ich gebe(-ich) euch[3] diese[4] Bücher[4]
Ich werde Ihnen die Bücher geben.

Es gibt auch unvollendete Verben, die nicht mit der Zukunftsform von **być/byś** *gebildet werden können. Sie werden entweder mit einer Vorsilbe „perfektiv gemacht“ und in der Gegenwart gebeugt oder nach einem speziellen Beugungsschema für die Zukunft gebeugt. In diese Gruppe gehört auch das Verb* **być/byś** *„sein“.*

změju	**změjom**	ich werde haben
změješ	**změjoš**	du wirst haben
změje	**změjo**	er/sie/es wird haben

Zukunftsformen des Verbs měć/měś „haben“

Beachten Sie die Vorsilbe **z-**!

změjemoj	**změjomej**	wir beide werden haben
změjetaj	**změjotej**	ihr (m Pers) beide werdet haben
změjetej	**změjotej**	ihr beide werdet haben
změjetaj	**změjotej**	sie (m Pers) beide werden haben
změjetej	**změjotej**	sie beide werden haben
změjemy	**změjomy**	wir werden haben
změjeće	**změjośo**	ihr werdet haben
změja	**změju**	sie werden haben

Die zielgerichteten Verben der Bewegung erhalten zunächst die Vorsilbe **po-**/**pó-** *bzw.* **póń-**/**pój-** *und werden dann wie in der Gegenwart gebeugt.*

Jutře póńdźemy do centruma města.
Witśe pójźomy do centruma města.
morgen gehen-werden(-wir) in Zentrum[2] Stadt[2]
Morgen werden wir in die Innenstadt gehen.

Verneinung

Die Antwort „nein" heißt **ně.** Um ein Verb zu verneinen, wird in den meisten Fällen ein **nje-** direkt vor das gebeugte Verb gehängt.

Njepiju.
Njepijom.
nicht-trinke(-ich)
Ich trinke nicht.

Njekurju.
Njekurim.
nicht-rauche(-ich)
Ich rauche nicht.

Auch wenn im Deutschen das Hauptwort verneint wird (hier: „keine Zeitung"), wird im Sorbischen das Verb verneint.

Nječitam nowiny.
nicht-lese(-ich) Neuigkeiten[4]
Njecytam casnik.
nicht-lese(-ich) Zeitung[4]
Ich lese keine Zeitung.

Verneinung von „sein“

Das Verb **być**/**byś** „sein“ wird durch die Vorsilbe **njej-** verneint:

Njejsu doma.
Njejsu doma.
nicht-sind(-sie) zu-Hause
Sie sind nicht zu Hause.

Njejsym jeho widźał/-a.
Njejsom jogo wiźeł/-a.
nicht-bin ihn⁴ gesehen$^{m/w}$
Ich$^{m/w}$ habe ihn nicht gesehen.

Verneinung von „haben“

Das Verb **měć**/**měś** „haben, besitzen“ wird durch die Vorsilbe **ni-**/**nja-** verneint. Die Vorsilbe **nja-** wird im Niedersorbischen auch zur Verneinung von **móc** „können“ verwendet.

To nimamy.
To njamamy.
dies⁴ nicht-haben(-wir)
Das haben wir nicht.

To njemóžeš činić.
To njamóžoš cyniś.
dies⁴ nicht-kannst machen
Das kannst du nicht machen.

Verneinung von „wollen“ & „gehen“

Das Verb **chcyć**/**kśěś** „wollen“ wird mit der Vorsilbe **no-**/**njo-** verneint, das Verb **hić**/**hyś** „gehen“ mit **njeń**/**njej-**.

Nochceš sobu přińć?
Njocoš sobu pśiś?
nicht-willst(-du) mit kommen
Willst du nicht mitkommen?

Njeńdźeš sobu do města?
Njejźoš sobu do města?
nicht-gehst(-du) mit nach Stadt²
Gehst du nicht mit in die Stadt?

Nach der verneinten Form einiger den 4. Fall verlangender Verben steht die Satzergänzung übrigens oft im 2. Fall.

verneinte Fürwörter Wenn verneinte Fürwörter ins Spiel kommen, passiert etwas Interessantes: Das Verb wird quasi doppelt verneint (was dann jedoch nicht zu einer positiven Aussage führt). Dies ist auch aus anderen slawischen Sprachen und dem Französischen bekannt.

nichtó	**nichten**	niemand, keiner
ničo	**nic**	nichts
nihdźe	**niźi**	nirgends
nihdźe	**niźi**	nirgendwohin

Das verneinte Fürwort steht vor dem verneinten Verb.

Nichtó njepřińdźe.
Nichten njepśiźo.
niemand nicht-kommt
Niemand kommt.

Nihdźe njeje wón był.
Niźi njejo wón był.
nirgends nicht-ist er gewesen^{m}
Er ist nirgends gewesen.

Man kann diese mehrfache Verneinung auch durchaus auf die Spitze treiben ...

Nihdźe njejsym nikoho namakał/namakała.
Niźi njejsom nikogo namakał/namakała.
nirgends nicht-bin niemand[4] gefunden$^{m/w}$
Nirgends habe ich$^{m/w}$ jemanden gefunden.

Bindewörter

Die Bindewörter (Konjunktionen) werden zum Verbinden von Satzteilen, ganzen Sätzen oder Nebensätzen verwendet.

a	**a**	und
tež	**teke**	auch
kaž	**ako**	wie
ale	**ale**	aber

pak *aber*	pak	aber (nachgestellt)
abo	abo	oder
pak ... pak *aber ... aber*	pak ... pak	entweder ... oder
ani ... ani *auch-nicht ... auch-nicht*	daniž ... daniž	weder ... noch
a ... a *und ... und*	a ... a	sowohl ... als auch
hdyž	ako	als (zeitl.)
hdyž, jeli(zo) *wenn, ist-ob(-)(dass)*	gaž, jolic (až)	wenn
zo	až	dass
zoby	aby	um zu/dass (+ ł-Form)
potom	pótom	dann
dokelž	dokulaž	weil, da
tohodla	togodla	deswegen

Ja tež du.
Ja teke źom.
ich auch gehe(-ich)
Ich gehe auch.

Ja pak nochcu.
Ja pak njocom.
ich aber nicht-will(-ich)
Ich will aber nicht.

Wón je prajił, zo přińdźe wječor.
Wón jo gronił, až pśiźo wjacor.
er ist gesagt^m, dass kommt(-er) Abend⁴
Er hat gesagt, dass er am Abend kommt.

(Ja) jědu do města, zoby nakupował/-a.
(Ja) jěźom do města, aby nakupował/-a.
fahre(-ich) nach Stadt², um-zu eingekauft^m/w
Ich^m/w fahre in die Stadt, um einzukaufen.

(Ja) jědu do města, dokelž dyrbju nakupować.
(Ja) jěźom do města, dokulaž musym nakupowaś.
ich fahre(-ich) nach Stadt[2], weil muss(-ich) einkaufen
Ich fahre in die Stadt, weil ich einkaufen muss.

Zawołamy na tebje, jelizo so radźi.
Zazwónijomy na tebje, jolic až se raźijo.
anrufen(-wir) auf dich[4], ist-ob(-)dass sich gelingt(-es)
Wir rufen dich an, falls es klappt.

Auffordern & Befehlen

Um eine Person, die man duzt, zu etwas aufzufordern, streicht man lediglich die Personalendung der 3. Person Mehrzahl („sie") in der Gegenwart ab. Je nach Beugungsklasse entfällt also die Endung **-a, -u** bzw. **-e, -u.** Diesen Stamm nennt man dann „Gegenwartsstamm", der nicht mit der Grundform (Infinitiv) zu verwechseln ist.

Die Befehlsform wird in der Wort-für-Wort-Übersetzung mit einem Ausrufezeichen gekennzeichnet.

kupować	**kupowaś**	kaufen
kupuja	**kupuju**	sie kaufen
kupuj!	**kupuj!**	kauf!

Zwei Personen und mehr als zwei Personen fordert man auf, indem man entweder **-taj**/**-tej** (zwei Personen, darunter mindestens eine männliche), **-tej** (zwei weibliche Personen) oder **-će**/**-śo** (mehr als zwei Personen) an die zuvor gebildete Einzahlform hängt:

kupuj!	**kupuj!**	kauf! (Ez)
kupuj-taj/-tej!	**kupuj-tej!**	kauft! (Zz)
kupuj-će!	**kupuj-śo!**	kauft! (Mz)

r wird zu **ŕ**		
war-ić	**war-iś**	kochen
warj-a	**warj-e**	sie kochen
war!	**waŕ!**	koch!
n wird zu **ń**		
hon-ić	**gón-iś**	jagen
honj-a	**gónj-e**	sie jagen
hoń!	**góń!**	jage!

Ausnahmen

Im Niedersorbischen ändern sich die Mitlaute **n** *und* **r**, *wenn sie (nach Abstreichen der Personalendung der 3. Person Mz) am Wortende ständen, zu* **ń** *bzw.* **ŕ** *(im Obersorbischen wird nur* **n** *zu* **ń**, **r** *bleibt unverändert). In der Zwei- und Mehrzahl wird auch im Niedersorbischen nur* **n** *zu* **ń**, *nicht aber* **r** *zu* **ŕ**.

Falls nach Abstreichen der Personalendung für die 3. Pers. Mz zwei Mitlaute am Ende der Befehlsform ständen, wird die Endung **-i** ergänzt.

wukn-yć	**wukn-uś**	lernen
wukn-u	**wukn-u**	sie lernen
wukn-i!	**wukn-i!**	lerne!
wukn-i-tej/-taj	**wukn-i-tej!**	lernt! (Zz)
wukn-i-će!	**wukn-i-śo**	lernt! (Mz)

Folgende Befehlsformen werden unregelmäßig gebildet:

Ez (OS/NS)	**Zz (OS: m Pers, sonst/NS)**	**Mz (OS/NS)**	
dźi/źi	**dźitaj, dźitej/źitej**	**dźiće/źiśo**	geh(t)!
jědź/jěź	**jědźtaj, jědźtej/jěźtej**	**jědźće/jěźćo**	fahr(t)!
budź/buź	**budźtaj, budźtej/buźtej**	**budźće/buźćo**	sei(d)!
pomhaj/ pomož	**pomhajtaj, pomhajtej/ pomožtej**	**pomhajće/ pomožćo**	hilf!, helft!

Fragen & Fragewörter

Wie im Deutschen gibt es Entscheidungsfragen und Ergänzungsfragen.

Entscheidungsfragen

Entscheidungsfragen werden ohne Fragewörter gebildet und können nur mit **haj/jo** „ja“ oder **ně** „nein“ beantwortet werden.

Die Satzstellung ist wie im Deutschen. Am Satzende wird die Stimme wie im Deutschen etwas angehoben.

Ćah je hižo wotjěł.	**Je ćah hižo wotjěł?**
Śěg jo južo wótjěł.	**Jo śěg južo wótjěł?**
Zug ist schon abgefahren[m]	*ist Zug schon abgefahren*[m]
Der Zug ist schon abgefahren.	Ist der Zug schon abgefahren?

Kuriće (Wy)?	**Ně, njekurju.**
Kuriśo (Wy)?	**Ně, njekurim.**
raucht(-ihr) (ihr)	*nein, nicht-rauche(-ich)*
Rauchen Sie?	Nein, ich rauche nicht.

Ergänzungsfragen

Ergänzungsfragen werden mit Fragewörtern gebildet, die wie im Deutschen zu Anfang des Fragesatzes stehen. Der Satzbau entspricht dem Deutschen. Allerdings können im Sorbischen auch Verb (Tätigkeitswort) und Subjekt (Satzgegenstand) vertauscht werden.

Hdźe wón dźe?	**Hdźe dźe wón?**
Źo wón źo?	**Źo źo wón?**
wo er geht	*wo geht er*
Wohin geht er?	Wohin geht er?

štó?	**chto?**	wer?
što?	**co?**	was?
kajk-i/-a/-e? (m/w/s Ez)	**kak-i/-a/-e?** (m/w/s Ez)	was für ein?, welcher?
kotr-y?	**kótar-y?**	was für ein?, welcher?
hdy?	**ga?**	wann?
kak?	**kak?**	wie?
hdźe?	**źo?**	wo?, wohin?
zwotkel?	**wótkul?**	woher?
čehodla?	**cogodla?**	warum?
kelko? (+2 Ez)	**wjele?** (+2 Ez)	wie viel?
kelko? (+2 Mz)	**wjele?** (+2 Mz)	wie viele?
kelko raz? *wie-viel Male*[Mz2]	**wjele raz?** *viel Male*[Mz2]	wie oft?
kak dołho?	**kak dłujko?**	wie lange?
wote hdy? *von wann*	**wótga?** *von-wann*	seit wann?

Die Fragewörter **kajk-i/kak-i** *und* **kotr-y/kótar-y** *„was für ein?, welcher?" richten sich wie ein Eigenschaftswort in Fall, grammatischem Geschlecht und Zahl nach dem Wort, auf das sie sich beziehen.*

Kajk-i/kak-i wird wie das Eigenschaftswort **lochk-i/lažk-i** gebeugt, **kotr-y/kótar-y** wie **rjan-y/rědn-y** (s. „Eigenschaftswörter").

kajki muž? (m Ez)	was für ein Mann?
kajka žona? (w Ez)	was für eine Frau?
kajke awto? (s Ez)	was für ein Auto?

Kelko zasłužiš?
wieviel verdienst(-du)
Wjele zasłužyjoš?
viel verdienst(-du)
Wie viel verdienst du?

Kelko dźěći maš?
wieviel Kinder² hast
Wjele źiśi maš?
viel Kinder² hast
Wie viele Kinder hast du?

Nach **kelko/wjele** *„wie viel(e)" steht das Bezugswort immer im 2. Fall (Genitiv) Ein- oder Mehrzahl.*

Auch die Fragewörter **štó?**/**chto?** „wer?“ und **što?**/**co?** „was?“ können gebeugt werden. Hier die kompletten Formen:

1	**štó?**	**chto?**	wer?	**što?**	**co?**	was?
2	**koho?**	**kogo?**	wessen?	**čeho?**	**cogo?**	wessen?
3	**komu?**	**komu?**	wem?	**čemu?**	**comu?**	wem?
4	**koho?**	**kogo?**	wen?	**što?** (**čo?**)	**co?**	was?
5	**z kim?**	**z kim?**	mit wem?	**z čim?**	**z cym?**	womit?
6	**wo kim?**	**wó kim?**	über wen?	**wo čim?**	**wó com?**	worüber?

Čo *wird nur direkt nach einem Verhältniswort verwendet.*

Što Wy chceće?
was4 ihr wollt(-ihr)
Was möchten Sie?

Na čo maš lóšt?
auf was4 hast(-du) Lust4
Worauf hast du Lust?

Hdźe je dwórnišćo?
Źo jo dwórnišćo?
wo ist Bahnhof
Wo ist der Bahnhof?

Koho da wuhladnu?
Kogo ga wuglědnjom?
wen4 denn erschaue(-ich)
Wen sehe ich denn da?

Kak přińdu k radnicy?
Kak pśiźom k radnicy?
wie komme(-ich) zu Rathaus3
Wie komme ich zum Rathaus?

Štó je tam?
Chto jo tam?
wer ist da
Wer ist da?

Kotre nowiny chceće měć?
welchewMz4 Neuigkeiten4 wollt(-ihr) haben
Kótary casnik cośo měś?
welchermEz4 Zeitung4 wollt(-ihr) haben
Welche Zeitung möchten Sie haben?

Zahlen & Zählen

Anders als im Deutschen richten sich einige Zahlen im grammatischen Geschlecht nach dem Wort, auf das sie sich beziehen. Vor allem für männliche Personen („m Pers“) gibt es eine Sonderform der entsprechenden Zahl.

0	**nul**	**nul**
1	**jedyn** (m), **jedna** (w), **jedne** (s)	**jaden** (m), **jadna** (w), **jadno** (s)
2	**dwaj** (m), **dwě** (w/s)	**dwa** (m), **dwě** (w/s)
3	**tři, třo** (m Pers)	**tśi, tśo** (m Pers)
4	**štyri, štyrjo** (m Pers)	**styri, styrjo** (m Pers)
5	**pjeć**	**pěś, pěśo** (m Pers)
6	**šěsć**	**šesć, šesćo** (m Pers)
7	**sydom**	**sedym, sedymjo** (m Pers)
8	**wosom**	**wósym, wósymjo** (m Pers)
9	**dźewjeć**	**źewjeś, źewjeśo** (m Pers)
10	**dźesać**	**źaseś, źaseśo** (m Pers)
11	**jědnaće**	**jadnasćo**
12	**dwanaće**	**dwanasćo**
13	**třinaće**	**tśinasćo**
14	**štyrnaće**	**styrnasćo**
15	**pjatnaće**	**pěśnasćo**
16	**šěsnaće**	**šesnasćo**
17	**sydomnaće**	**sedymnasćo**
18	**wosomnaće**	**wósymnasćo**
19	**dźewjatnaće**	**źewjeśnasćo**

Aus den Zahlen von 1 – 10 werden im Prinzip alle anderen Zahlen zusammengesetzt.

Die Zahlen 11 – 19 werden (mit kleineren Abweichungen) durch die Grundzahl plus der Endung **-naće**/**-nasćo** *gebildet.*

Zahlen & Zählen

Ab 21 sind die zusammengesetzten Zehnerzahlen wie im Deutschen in der Reihenfolge Einer plus **a** *„und" plus Zehner gebildet.*

20	**dwaceći**	**dwanasćo**
21	**jedynadwaceći** *ein-und-zwanzig*	**jadenadwaźasća** *ein-und-zwanzig*
22	**dwajadwaceći** *zwei-und-zwanzig*	**dwaadwaźasća** *zwei-und-zwanzig*
23	**třiadwaceći** *drei-und-zwanzig*	**tśiadwaźasća** *drei-und-zwanzig*
24	**štyriadwaceći**	**styriadwaźasća**
25	**pjećadwaceći**	**pěśadwaźasća**
26	**šěsćadwaceći**	**šesćadwaźasća**
27	**sydomadwaceći**	**sedymadwaźasća**
28	**wosomadwaceći**	**wósymadwaźasća**
29	**dźewjećadwaceći**	**źewjeśadwaźasća**

Die Zehner werden bis auf geringe Abweichungen aus den Zahlen von 2 – 9 plus **-ceći**/**-źasća** *bzw. ab 50 plus* **-dźesat**/**-źaset** *zusammengesetzt.*

10	**dźesać**	**źaseś**
20	**dwaceći**	**dwaźasća**
30	**třiceći**	**tśiźasća**
40	**štyrceći**	**styrźasća**
50	**pjećdźesat**	**pěśźaset**
60	**šěsćdźesat**	**šesćźaset**
70	**sydomdźesat**	**sedymźaset**
80	**wosomdźesat**	**wósymźaset**
90	**dźewjećdźesat**	**źewjeśźaset**

Die Hunderter werden aus den Zahlwörtern von 2 – 9 plus der veränderlichen Form von **sto** *„hundert" gebildet.*

100	**sto**	**sto**
200	**dwě sćě** *zwei^s Hunderte^Zz*	**dwě sći** *zwei^s Hunderte^Zz*
300	**tři sta** *drei Hunderte^Mz*	**tśi sta** *drei Hunderte^Mz*
400	**štyri sta**	**styri sta**
500	**pjeć stow**	**pěś stow**
600	**šěsć stow**	**šesć stow**
700	**sydom stow**	**sedym stow**

800	**wosom stow**	**wósym stow**
900	**dźewjeć stow**	**źewjeś stow**
1000	**tysac**	**tysac**
2000	**dwaj tysac** *zwei^m tausend*	**dwa tysac** *zwei^m tausend*
3000	**tři tysac** *drei tausend*	**tśi tysac** *drei tausend*
4000	**štyri tysac**	**styri tysac**
5000	**pjeć tysac**	**pěś tysac**
1 Mio.	**milion**	**milion**

Beachten Sie: In der dörflichen niedersorbischen Umgangssprache wird für **sto** *auch* **hundert** *und für* **tysac** *auch* **towzynt** *verwendet.*

dwaj tysac šěsć stow dźewjećaštyrceći (2649)
dwa tysac šesć stow źewjeśastyrźasća
zwei tausend sechs Hunderte^Mz2 neun-und-vierzig

lěto dwaj tysac (a) sydom
lěto dwa tysac (a) sedym
Jahr zwei tausend (und) sieben
das Jahr 2007

Jahreszahlen lassen sich auf zwei verschiedene Weisen angeben.

dwaj tysac (a) sydom
dwa tysac (a) sedym.
zwei tausend (und) sieben
das Jahr / im Jahre 2007

zählen

Einige Zahlen richten sich im grammatischen Geschlecht nach dem zugehörigen Hauptwort. Ab 2 steht das Hauptwort in der Zwei- bzw. ab 3 in der Mehrzahl und ab 5 steht das zugehörige Hauptwort wie bei unbestimmten Mengenangaben (s. u.) im 2. Fall (!) Mehrzahl.

Letzteres gilt nicht, wenn die Formen für männliche Personen (s. u.) verwendet werden.

jedyn muž	**jedna žona**	**jedna holca**
ein^{m} *Mann*	*eine*^{w} *Frau*	*eine*^{w} *Mädchen*
jaden muski	**jadna žeńska**	**jadno źowćo**
ein^{m} *männlicher*^{m}	*eine*^{w} *weibliche*^{w}	*ein*^{s} *Mädchen*
ein Mann	eine Frau	ein Mädchen

pjeć domow	**dźesać žonow**	**wosym awtow**
fünf Häuser^{2}	*zehn Frauen*^{2}	*acht Autos*^{2}
pěś domow	**źaseś žeńskich**	**wósym awtow**
fünf Häuser^{2}	*zehn weibliche*^{Mz2}	*acht Autos*^{2}
fünf Häuser	zehn Frauen	acht Autos

Beachten Sie, dass es von einigen Zahlen Sonderformen gibt, wenn es sich um männliche Personen handelt.

tři domy	**tři žony**	**třo mužojo**
tśi domy	*drei Frauen*	*drei*^{mPers} *Männer*
drei Häuser	**tśi žeńske**	**tśo muske**
drei Häuser	*drei weibliche*	*drei*^{mPers} *männliche*
	drei Frauen	drei Männer

Die Zahlwörter für 1 bis 4 richten sich übrigens auch im Fall nach dem Hauptwort, auf das sie sich beziehen. Im Niedersorbischen besteht diese Möglichkeit auch für die Zahlen von 5 bis 10. Dies ist jedoch nicht zwingend. Die Beugungstabellen hier aufzuführen, würde jedoch den Rahmen sprengen.

Ordnungszahlen

Ordnungszahlen werden bis auf wenige Ausnahmen wie folgt gebildet: Im Obersorbischen werden die Endungen der entsprechenden Grundzahlen **-sće** oder **-ći** durch **-ty** ausgetauscht, im Niedersorbischen werden die Endungen **-sćo** oder **-sća** durch **-sty** ausgetauscht. Aus Grundzahlen auf **-t** wird die zugehörige Ordnungszahl durch Anhängen von **-y** gebildet. Die Ordnungszahlen von 1. bis 10. sind unregelmäßig.

Ordnungszahlen lassen sich beugen und stimmen mit den Wörtern, auf die sie sich beziehen, in grammatischem Geschlecht, Fall und Zahl überein.

prěni/-ja/-je	**prědny/-a/-e**	der/die/das erste
druhi/-a/-e	**drugi/-a/-e**	der/die/das zweite
třeći/-a/-e	**tśeśi/-a/-e**	der/die/das dritte
štwórty/-a/-e	**stwórty/-a/-e**	der/die/das vierte
pjaty/-a/-e	**pěty/-a/-e**	der/die/das fünfte
šěsty/-a/-e	**šesty/-a/-e**	der/die/das sechste
sydmy/-a/-e	**sedymy/-a/-e**	der/die/das siebte
wosmy/-a/-e	**wósymy/-a/-e**	der/die/das achte
dźewjaty/-a/-e	**źewjety/-a/-e**	der/die/das neunte
dźesaty/-a/-e	**źasety/-a/-e**	der/die/das zehnte
jědnaty/-a/-e	**jadnasty/-a/-e**	der/die/das elfte
dwanaty/-a/-e	**dwanasty/-a/-e**	der/die/das zwölfte

unbestimmte Mengenangaben

dosć	**dosć**	genug
(pře)mało	**(pśe)mało**	(zu) wenig
(pře)wjele	**(pśe)wjele**	(zu) viel
někotre	**někótare**	einige
wjace	**wěcej**	mehr

Außer **někotre/někótare** „einige" verlangen die unbestimmten Mengenangaben den so genannten „Mengengenitiv", ebenso wie alle

Grundzahlen ab 5. Das bedeutet, dass das Hauptwort, von dem eine bestimmte Menge angegeben wird, im 2. Fall steht.

To je pjeć šulerjow.	**To je přemało mloka.**
To jo pěś wuknikow.	**To jo pśemało mloka.**
das ist fünf Schüler[Mz2]	*das ist zu-wenig Milch*[2]
Das sind fünf Schüler.	Das ist zu wenig Milch.

Zeit, Uhrzeit & Datum

Natürlich halten sich Sorben pünktlich an terminliche Vereinbarungen. Generell lässt sich aber eine größere Gelassenheit im Umgang mit der Zeit feststellen. Geringfügige Verspätungen werden überall toleriert.

allgemeine Zeitangaben

něto	**něnto**	jetzt
hnydom	**ned**	gleich
bórze, skoro	**skóro**	bald
zahe, rano	**jěsno, rano**	früh, zeitig
prjedy	**jěsnjej**	früher, eher
tehdy	**tegdy, tencas**	damals
pozdźe	**pózdźe**	spät
pozdźišo	**pózdźej**	später
nihdy	**nigdy, žednje**	nie
rědko	**rědko**	selten
druhdy	**wótergi, casy**	manchmal
často	**cesto**	oft
přeco	**pśecej**	immer

předwčerawšim	**pśedcora(jšnym)**	vorgestern
wčera	**cora**	gestern
dźensa	**źinsa**	heute
jutře	**witśe**	morgen
zajutřišim	**pśezwitśe**	übermorgen
loni	**łoni**	voriges Jahr
zańdźeny tydźeń	**zajźony tyźeń**	vorige Woche
vergangener[m4] Woche[4]		
na nowy tydźeń	**pśiducy tyźeń**	nächste Woche
auf neuer[m4] Woche[4]	*kommender[m4] Woche[4]*	
před dwěmaj dnomaj	**pśed dwěma dnjoma**	vor 2 Tagen
vor zwei[Zz5] Tage[Zz5]		
za dwaj dnaj	**za dwa dnja**	in 2 Tagen
hinter zwei[Zz4] Tage[Zz4]		

Tageszeiten

dźeń (m)	**źeń** (m)	Tag
jutro (s)	**zajtšo** (s)	Morgen
připołdnjo (s)	**połdnjo** (s)	Mittag
wječor (m)	**wjacor** (m)	Abend
nóc (w)	**noc** (w)	Nacht
połnoc (w)	**połnóc** (w)	Mitternacht
wodnjo	**wódnjo**	tagsüber

Zeiteinheiten

hodźina (w)	**góźina** (w)	Stunde
mjeńšina (w)	**minuta** (w)	Minute
sekunda (w)	**sekunda** (w)	Sekunde
dźeń (m)	**źeń** (m)	Tag
tydźeń (m)	**tyźeń** (m)	Woche
měsac (m)	**mjasec** (m)	Monat
lěto (s)	**lěto** (s)	Jahr
lětstotk (m)	**lětstotk** (m)	Jahrhundert

Uhrzeit

Die volle Uhrzeit gibt man mit einer Grundzahl an, die im Niedersorbischen jedoch im 2. Fall gebeugt wird. Nun kann man im Obersorbischen noch das im 2. Fall Mehrzahl gebeugte Wort für „Stunde" (also **hodźin** von **hodźina** (w)) nachstellen, im Niedersorbischen kann man (das ungebeugte!) Wort für „Uhr" (**zeger** (m)) voranstellen.

Je wosom (hodźin).	**Jo (zeger) wósymich.**
ist acht (Stunden[2])	*ist (Uhr) acht[2]*
Es ist acht (Uhr).	Es ist acht (Uhr).

Halbe Stunden gibt man mit **napoł** *plus der im 2. Fall gebeugten Grundzahl der folgenden Uhrzeit an.*

Wjelich je?	**Je napoł šěsćich.**
Wjelich jo?	**Jo napoł šesćich.**
viel[2] ist	*ist auf-halb sechs[2]*
Wie spät ist es?	Es ist halb sechs.

Viertelstunden nach einer vollen Stunde gibt man entweder mit **běrtl na ...** (+4) *„Viertel auf"* oder **běrtl po ...** (+6) *„Viertel nach"* an. Viertelstunden vor einer vollen Stunde gibt man mit **tři běrtlki na .../tśi běrtyle na ...** (+4) *„drei Viertel[Mz] auf"* an.

Achtung: Nach dem Verhältniswort **na** wird die Grundzahl für die folgende volle Stunde eingesetzt, die dann im 4. Fall („+4") gebeugt wird. Nach dem Verhältniswort **po** wird die Grundzahl der vergangenen vollen Uhrzeit verwendet, die im 6. Fall („+6") gebeugt wird.

běrtl na dwanaće
běrtyl na dwanasćo
Viertel auf zwölf[4]
Viertel zwölf,
Viertel nach elf

běrtl po jadnaćich
běrtyl pó jadnasćich
Viertel nach elf[6]
Viertel zwölf,
Viertel nach elf

tři běrtlki na jedno
tśi běrtyle na jadno
drei Viertel[Mz] *auf eins*[4]
Viertel vor eins

Exakte Minutenangaben können mit den Verhältniswörtern **po/pó** (+6) „nach" bzw. **do** (+2) „vor" ausgedrückt werden. Das Wort für Minute kann (im 2. Fall Mehrzahl gebeugt) jeweils der Minutenangabe nachgestellt werden, jedoch nur, wenn es sich um Minutenangaben über 4 handelt.

Bei 1, 2, 3 und 4 Minuten verwendet man die weibliche Form des Zahlwortes und stellt das Wort **mjeńšina/minuta** *in der Ein-, Zwei- bzw. Mehrzahl nach.*

Je pjeć (mjeńšinow) po dwěmaj.
Jo pěś (minutow) pó dwěma.
ist fünf (Minuten[2]*) nach zwei*[6]
Es ist fünf nach zwei.

Je sydom (mjeńšinow) do jednaćich.
Jo sedym (minutow) do jadnasćich.
ist sieben (Minuten[2]*) zu elf*[2]
Es ist sieben vor elf.

Einen Zeitpunkt („um ... (Uhr)") gibt man im Obersorbischen mit **w ...** (+6) „in", im Niedersorbischen mit **zeger ...** (+2) „Uhr" an.

Dźiwadło započnje so w třoch.
Theater anfängt sich in drei[6]
Źiwadło zachopijo se zeger tśich.
Theater anfängt sich Uhr drei[2]
Das Theater beginnt um drei.

relativer Zeitpunkt & Zeitspanne

za dwě hodźinje
za dwě góźinje
hinter zwei[w4] Stunden[Zz4]
in zwei Stunden

dwě hodźinje
dwě góźinje
zwei[w] Stunden[Zz]
zwei Stunden lang

po dźěle / **pó źěle**
nach Arbeit[6]
nach der Arbeit

do hod / **do gód**
zu Weihnachten[2]
vor Weihnachten

Wochentage

Wenn die Wochentage im 4. Fall gebeugt werden, erhält man die Bedeutung „am …“.

póndźela (w)	**pónjeźele** (s)	Montag
póndźelu	**pónjeźele**	am Montag
wutora (w)	**wałtora** (w)	Dienstag
wutoru	**wałtoru**	am Dienstag
srjeda (w)	**srjoda** (w)	Mittwoch
srjedu	**srjodu**	am Mittwoch
štwórtk (m)	**stwórtk** (m)	Donnerstag
štwórtk	**stwórtk**	am Donnerstag
pjatk (m)	**pětk** (m)	Freitag
pjatk	**pětk**	am Freitag
sobota (w)	**sobota** (w)	Sonnabend
sobotu	**sobotu**	am Sonnabend
njedźela (w)	**njeźela** (w)	Sonntag
njedźelu	**njeźelu**	am Sonntag

Monate

januar (m)	Januar
februar (m)	Februar
měrc (m)	März
apryl (m)	April
meja (w)/**maj** (m)	Mai
junij (m)	Juni
julij (m)	Juli
awgust (m)	August
september (m)	September
oktober (m)	Oktober
nowember (m)	November
december (m)	Dezember

Datum

Kotry (datum) mamy dźensa?
Kótary (datum) mamy źinsa?
welcher^{m4} *(Datum*^{4}*) haben(-wir) heute*
Welches Datum haben wir heute?

Das Datum gibt man mit einer Ordnungszahl an. Monatsname und Ordnungszahl werden im 4. Fall gebeugt. Der 4. und der 1. Fall sind jedoch identisch, und so kann man die Monatsnamen und die (männliche!) Ordnungszahl unverändert den Listen entnehmen. Eine Ausnahme ist der obersorbische Monatsname **meja** (w) „Mai“, der im 4. Fall **meju** lautet. Hier muss auch die weibliche Ordnungszahl im 4. Fall stehen.

prěnja meja	**prěnju meju**	**štyrnaty měrc**
erste^{w} *Mai*	*erste*^{w4} *Mai*^{4}	**styrnasty měrc**
prědny maj	**prědny maj**	*vierzehnter*^{m4} *März*^{4}
erster^{m} *Mai*	*erster*^{m4} *Mai*^{4}	den 14. März
der 1. Mai	den 1. Mai	

Hdy maš narodny dźeń?
wann hast(-du) Geburts-$^{Eig\text{-}m4}$ *Tag*^{4}
Ga maš burstak?
wann hast(-du) Geburtstag^{4}
Wann hast du Geburtstag?

Auf die Frage „Wann ...“ gibt man das Datum mit **dnja** *„Tag*^{2}*“ plus dem im 2. Fall gebeugten Datum an.*

Dnja štwórteho januara.
Dnja stwórtego januara.
Tag^{2} *vierter*^{m2} *Januar*^{2}
Am 4. Januar.

Dnja, prěnjeho septembra smy w Berlinje byli.
Dnja, prědnego septembra smy w Barlinju byli.
Tag[2], erster[2] September[2] sind(-wir) in Berlin[6] gewesen[Mz]
Am 1. September sind wir in Berlin gewesen.

Jahreszeiten

zyma	**zyma**	Winter
w zymje	**w zymje**	im Winter
nalěćo	**nalěśe**	Frühling
w nalěću	**w nalěśu**	im Frühling
lěćo	**lěśe**	Sommer
w lěću	**w lěśu**	im Sommer
nazyma	**nazyma**	Herbst
nazymu	**nazymu**	im Herbst

Feiertage

swjedźeń (m)	**swěźeń** (m)	Feiertag
jutry (Mz)	**jatšy** (Mz)	Ostern
swjatki (Mz)	**swětki** (Mz)	Pfingsten
hody (Mz)	**gódy** (Mz)	Weihnachten
Zapust (m)	**Zapust** (m)	Fastnacht

Ptači kwas
Ptaškowa swajźba
Vogelhochzeit (im Januar, veränderl. Datum)

Dźeń wotbagrowanja serbskich wsow
Źeń wótbagrowanja serbskich jsow
Tag der Abbaggerung sorbischer Dörfer (16.6.)

Die „Vogelhochzeit“ ist ein Winterfest, bei dem den Kindern diverse Süßigkeiten und Gebäck ans Fensterbrett gestellt werden und bunte Kulturveranstaltungen mit Schauspielen in Vogelkostümen stattfinden. Der „Tag der Abbaggerung sorbischer Dörfer“ ist ein Tag zum Gedenken an die vielen sorbischen Dörfer, welche auf Grund der Braunkohleförderung in der Lausitz dem Erdboden gleichgemacht wurden und noch werden.

Mini-Knigge

Wenn man das heutige Siedlungsgebiet der Sorben, die Nieder- und Oberlausitz, besucht, versteht es sich von selbst, dass man nicht auf Menschen treffen wird, die ein völlig anderes Wesen und Verhalten haben, als man es gewohnt ist. Dennoch kann man einige (kleinere) Unterschiede entdecken, wenn man die sorbische mit der deutschen Mentalität vergleicht. In jedem Sorben fließt „slawisches Blut", und das merkt man auch. Konkret äußert sich dies in einer sehr herzlichen und offenen Art. Sorben sind sehr gute Gastgeber, die wissen, wie Feste gefeiert werden, und oftmals ihren Gast zum Mittelpunkt des Geschehens machen.

Auch die Gestik ist sehr viel lebhafter: Wenn Deutsche eher sparsam gestikulieren, untermalen (vor allem weibliche) Sorben ihre Rede mit einer sehr lebhaften Körpersprache.

Ein „wunder Punkt" ist die Nationalitätenfrage. Die Sorben hatten es als slawische Minderheit in Deutschland nicht immer ganz einfach. Die traumatischen Erlebnisse, die viele Sorben zurzeit des 3. Reiches machen mussten, verfolgen diese zum Teil bis heute. Das erklärt vielleicht auch das etwas vorsichtige und skeptische Auftreten gegenüber Fremden, das vor allem bei älteren Sorben stark ausgeprägt ist. Mitunter führt dies sogar soweit, dass manche Sorben ihre Muttersprache verleugnen. Gerade um mit älteren Sorben „warm zu werden", ist eine gewisse Feinfühligkeit auf jeden Fall angebracht. Sehr „allergisch" reagieren Sorben beispielsweise, wenn man ihre Sprache als einen deutschen Dialekt bezeichnet (was natürlich auch sachlich falsch ist) oder lediglich Interesse an sorbischer Folklore zeigt (Tänze, Trachten, Kahnfahrten ...) und sich nicht für die Sprache interessiert.

Namen & Anrede

Typische weibliche sorbische Vornamen sind **Hanka** *(familiär für dt. „Anna"),* **Jadwiga** *(Hedwig),* **Krysta** *(Christa),* **Lenka**/**Leńka** *(Helene),* **Maja** *(familiäre Form für „Maria", Koseform:* **Majka***),* **Marjana** *(Marianne),* **Mina** *(Wilhelmine, Koseform:* **Minka***),* **Lubina** *und* **Marhata.**

Oft (nicht immer) kann man bereits an den Vornamen erkennen, ob man es mit einem Sorben zu tun hat. Auch die Familiennamen werden manchmal zweisprachig gewählt, woran sich ein muttersprachlicher Sprecher des Sorbischen (oder jemand der sehr stark mit dem Sorbischen verbunden ist) erkennen lässt. So benutzt zum Beispiel „Herr Müller" seinen deutschen Namen ausschließlich zu offiziellen Anlässen (Behördengang, Unterschreiben eines Vertrages ...), für seine Freunde und Bekannten ist er jedoch **knjez Młynk**/**kněz Młynk** „Herr Müller", wobei **Młynk** die sorbische Entsprechung für „Müller" ist.

Sorbische Wurzeln lassen sich oft auch in Namen von Leuten finden, in deren Familien eventuell seit mehreren Generationen überhaupt kein Wort Sorbisch mehr gesprochen wird. So erkennt man in vielen Nachnamen sehr leicht ein ursprünglich sorbisches Wort. Früher entsprach der Nachname häufig der Tätigkeit oder der Stellung, die jemand in seinem Dorf hatte: Ein Herr Nagora war zum Beispiel jemand, der auf dem Berg gewohnt hat (**na horje**/**na górje** „auf dem Berg"), ein Herr Kowal war der Schmied des Dorfes (**kowar**/**kowal** „Schmied"), ein Herr Krautz war der Schneider (**krawc** „Schneider", nur OS) und ein Herr Schmoller war der örtliche Pechsieder (**smoler**/**smólaŕ** „Pechsieder").

Nur wenn männliche Personen angesprochen werden, werden (nur im Obersorbischen!) der Vor- und Nachname im 7. Fall (Anredefall/Vokativ) gebeugt. An den Vor- bzw. Nachnamen wird deshalb meistens **-o** angehängt. Wenn der Nachname auf einem Mitlaut endet, welcher im 7. Fall einem Mitlautwechsel unterliegt, wird **-e** angehängt. Demzufolge wird „Jan" im Obersorbischen mit **Jano** angeredet, im Niedersorbischen jedoch mit **Jan**.

Typisch männliche Vornamen sind **Bogumił** *(Gotthold),* **Bjarnat** *(Bernhard),* **Hanzo** *(Hans),* **Hinc**/**Hync** *(Heinz),* **Jurij** *(Jürgen, Koseform:* **Juro),** **Kito** *(Christian),* **Mato** *(Matthias),* **Maćej** *(nur OS, Matthias),* **Měrćin** *(nur OS, Martin),* **Měto** *(Martin).*

Knjez Husar je w měsće.
Kněz Gusor jo w měsće.
Herr Gussor ist in Stadt[6]
Herr Gussor ist in der Stadt.

Knježe Husarjo, witajće!
Herr[7] Gussor[7], willkommen-heißt!
Kněz Gusor, witajśo!
Herr Gussor, willkommen-heißt!
Willkommen, Herr Gussor!

Die Namen vieler heimischer Lausitzer Familien sind sorbischen Ursprungs – auch wenn sich die Namensträger oftmals überhaupt nicht ihrer sorbischen Wurzeln bewusst sind.

Das Namensrecht bei Heirat unterscheidet sich nicht vom Deutschen, schließlich haben Sorben einen deutschen Pass.

Wie im Deutschen ist die Anrede mit „Herr/Frau ..." und dem Familiennamen üblich. Zwischen verheirateten und ledigen Frauen wird übrigens strikt unterschieden! Als „Frau" wird nur jemand angesprochen, der auch tatsächlich verheiratet ist.

Wenn man von einer Frau spricht oder sie anspricht (bei Frauen gibt es keinen 7. Fall), wird an den Familiennamen **-owa** angehängt. „Frau Gussor" wird also zu **knjeni/kněni Gusorowa.** Wenn der Nachname im Deutschen jedoch auf einem Selbstlaut endet, wird die Endung **-ina/-ina** angehängt (bzw. **-yna** nur nach harten Mitlauten), dabei unterliegt der Mitlaut vor dem auslautenden Selbstlaut dem Mitlautwechsel. „Frau Elle" wird also zu **knjeni/kněni Elina.**

Ob Sie im Sorbischen jemanden duzen oder siezen, ist zwar dem Deutschen ähnlich, dennoch kann man sagen, dass sich ein Sorbe im Zweifelsfall eher geschmeichelt fühlt, wenn er geduzt wird. Als eine Art „Kompromiss" in der Anrede kann man auch Folgendes verwenden:

Alle Frauen, die (noch) nicht verheiratet (durchaus auch ältere Frauen) oder geschieden sind, werden mit „Fräulein" angesprochen. Hier wird **-ec/-ojc** an den Familiennamen angehängt. Endet der Familienname auf einem Selbstlaut, entfällt dieser: Die noch nicht verheiratete oder geschiedene Frau Krautz heißt folglich **knježna Krawcec/ kněžna Krawcojc.**

Witajće, Hanka.
Witajšo, Hanka.
willkommen-heißt!, Hanka
Hallo Hanka, ich grüße Sie.

Begrüßen & Verabschieden

Lubše luźe, witajśo! „Seid willkommen, ihr lieben Leute!“, so lautet der Titel eines beliebten niedersorbischen Volkslieds. Und damit kennen Sie bereits eine der wichtigsten Vokabeln, mit denen sich Sorben begrüßen: **witać/witaś** heißt „willkommen heißen“.

Begrüßung

In der Regel begrüßt und verabschiedet man sich nicht übertrieben förmlich, auch nicht in offiziellen Situationen. Das „Du“ wird dem „Sie“ ganz klar vorgezogen.

Witaj, Jano/Krysta!
willkommen-heiß!, Jan⁷/Christa
Witaj, Jan/Christa!
willkommen-heiß!, Jan/Christa
(Ich) grüß(e) dich, Jan/Christa!

Halo!
Halo!
Hallo!

Beachten Sie, dass nach dem Willkommensgruß im Obersorbischen (nur) für männliche Vor- und Nachnamen der 7. Fall (Anredefall/ Vokativ) steht.

Witajće, knježe Töpfero!
willkommen-heißt!, Herr[7] Töpfer[7]
Witajśo, kněz Töpfer!
willkommen-heißt!, Herr Töpfer
(Ich) grüß(e) Sie, Herr Töpfer!

Einen guten Morgen wünschen sich die Sorben tatsächlich wirklich nur sehr früh am Tag. Das liegt daran, dass viele Sorben in der Landwirtschaft tätig sind und häufig bereits „mit den Hähnen aufstehen". Ab 9 Uhr wünscht man sich also in der Regel „Guten Tag".

Dobre jutro.	**Dobry dźeń.**
Dobre zajtšo.	**Dobry źeń.**
gutes[s4] Morgen[4]	*guter[m4] Tag[4]*
Guten Morgen.	Guten Tag.

Dobry wječor.	**Dobru nóc.**
Dobry wjacor.	**Dobru noc.**
guter[m4] Abend[4]	*gute[w4] Nacht[4]*
Guten Abend.	Gute Nacht.

Auf die Frage, wie es einem geht, wird keineswegs eine ausführliche Antwort erwartet!

Kak so wjedźeš/wjedźeće?	**Wjedu so ...**
wie sich führst(-du)/führt(-ihr)	*führe(-ich) sich ...*
Kak se tebje/Wam źo?	**Mě se źo ...**
wie sich dir[3]/euch[3] geht(-es)	*mir[3] sich geht ...*
Wie geht es dir/Ihnen?	Mir geht es ...

jara derje	**wjelgin derje**	sehr gut
derje	**derje**	gut
zlě *schlimm[U]*	**zlě** *schlimm[U]*	schlecht (übel)
špatnje	**špatnje**	schlecht
jara špatnje	**wjelgin špatnje**	sehr schlecht
Dźe tak. *geht(-es) so*	**Se źo tak.** *sich geht(-es) so*	Mir geht's so lala.

sich verabschieden

Ahoj hat das Obersorbische aus dem Tschechischen übernommen. Es ist sowohl Grußformel als auch Verabschiedung.

Měj so (derje)!
Měj se (derje)!
hab! sich (gut[U])
Mach's gut!/ Tschüss!

Ahoj!
Hallo!/Tschüss!

Póńdź/Póńdźće derje domoj!
Pójź/Pójźćo derje domoj!
gehen-werde!/-werdet! gut[U] nach-Hause
Komm(en) (Sie) gut nach Hause!

Na zasowidźenje!
Na zasejwiźenje!
auf Wiedersehen[4]
Auf Wiedersehen!

Rjany dźeń hišće!
Rědny źeń hyšći!
schöner[m4] Tag[4] noch
Schönen Tag noch!

Bitten, Danken, Wünschen, Entschuldigen

Generell bedankt und entschuldigt man sich nicht übertrieben. Oft wird gesprochen, wie einem der Schnabel gewachsen ist. Auf übertriebene Etikette und Höflichkeitsfloskeln wird kein allzu großer Wert gelegt. Für den Bedarfsfall hier jedoch ein paar grundlegende Höflichkeitsfloskeln.

bitten

Für „bitte" gibt es nur **prošu/pšosym**. Es wird verwendet, wenn man von jemandem etwas haben möchte, ihn zu etwas auffordert und auch um auf „danke" zu antworten.

Móžeš/Móžeće prošu ...?
Móžoš/Móžośo pšosym ...?
kannst(-du)/könnt(-ihr) bitte(-ich) ...
Kannst du / können Sie bitte ...?

Prošu, wzmi/wzmiće ... (+4)
Pšosym, wzej/wzejśo ... (+4)
bitte(-ich), nimm!/nehmt! ...
Bitte, nimm/nehmen Sie ...

Prošu, hdźe je ...?
Pšosym, źo jo ...?
bitte(-ich), wo ist ...
Entschuldigung, wo ist ...?

danken

Denken Sie daran, dass Sie nicht wegen jeder Kleinigkeit auf die Knie fallen müssen ...

Dźakuju so.
Źěkujom se.
danke(-ich) sich
Danke.

Ja so ći/Wam dźakuju.
Ja se śi/Wam źěkujom.
ich sich dir³/euch³ danke
Danke dir/Ihnen.

Wutrobny dźak!
Wutšobny źěk!
herzlicher^m4 Dank⁴
Herzlichen Dank!

Jara derje!
Wjelgin derje!
sehr gut^U
Sehr gut!/ Vielen Dank!

Rady. / Prošu jara!
gern^U / bitte(-ich) sehr
Rad/rada.
gern^m/^w
Gern geschehen!
(sagt Mann/Frau)

Žadyn problem.
Žeden problem.
kein^m Problem
Kein Problem.

Prima!
prima
Prima/ Toll!

wünschen

Wjele zboža!
Wjele gluki!
viel Glück²
Viel Glück!

Wšitko dobre!
Wšykno dobre!
alles^s4 gutes^s4
Alles Gute!

Wšitko dobre k narodnemu dnjej!
alles^s4 gutes^s4 zu Geburts-^Eig-m3 Tag³
Wšykno dobre k burstakoju!
alles^s4 gutes^s4 zu Geburtstag³
Herzlichen Glückwunsch zum Geburtstag!

sich entschuldigen

Wodaj/Wodajće, prošu.
Wódaj/Wódajšo, pšosym.
entschuldige!/entschuldigt!, bitte(-ich)
Entschuldige/Entschuldigen Sie, bitte.

Das angefügte „bitte" bringt zum Ausdruck, dass Ihnen wirklich etwas sehr unangenehm ist.

To njejsym widźał/widźała.
To njejsom wiźeł/wiźeła.
das⁴ nicht-bin gesehen^m/w
Das habe ich^m/w nicht gesehen.

To njejsym chcył/chcyła.
To njejsom kśěł/kśěła.
dies⁴ nicht-bin gewollt^m/w
Das wollte ich^m/w nicht.

To je mi hańba.
To jo mě sromota.
dies ist mir³ Schande
Das ist mir peinlich.

Das erste Gespräch

Wenn Sie auf der Suche nach sorbischen Gesprächspartnern sind, müssen Sie häufig sehr gründlich suchen, und selbst wenn Sie schließlich mit Ihrer Suche Erfolg haben, heißt das noch nicht unbedingt, dass auch automatisch ein Gespräch zustande kommt.

sich kennen lernen

Wahrscheinlich werden Sie zunächst ein bisschen kritisch und distanziert gemustert, und Ihr Gegenüber ist möglicherweise nicht bereit, mit Ihnen Sorbisch zu sprechen. Auf dieses anfängliche „Beschnuppern" sollten Sie so unbefangen wie möglich reagieren.

Name

Kak rěkaš (ty)/rěkaće (Wy)?	**Rěkam ...**
wie heißt(-du) (du)/heißt(-ihr) (ihr)	*heiße(-ich) ...*
Kak se tebje/Wam groni?	**Mě se groni ...**
wie sich dir³/euch³ sagt(-es)	*mir³ sich sagt ...*
Wie heißt du / heißen Sie?	Ich heiße ...

Štó ty sy?	**Štó Wy sće?**	**Sym ...**
Chto ty sy?	**Chto Wy sćo?**	**Som ...**
wer du bist	*wer ihr seid*	*bin ...*
Wer bist du?	Wer sind Sie?	Ich bin ...

Směm ći/Wam ... předstajić? (+4)
Smějom tebje/Wam ... pśedstajiś? (+4)
darf(-ich) dir³/euch³ ... vorstellen
Darf ich dir/Ihnen ... vorstellen?

Raduju so!
Wjaselim se!
freue(-ich) sich
(Sehr) angenehm!

Kak stary/stara sy? **Kak stary/stara sće?** **Alter**

Kak stary/stara sy? **Kak stary/stara sćo?**

wie alt$^{m/w}$ bist(-du) *wie alt$^{m/w}$ seid(-ihr)*

Wie alt bist du$^{m/w}$? Wie alt sind Sie$^{m/w}$?

(zum Mann/zur Frau) *(zum Mann/zur Frau)*

(Ja) sym dźewjećadwaceći lět stary/stara.
(Ja) som źewješadwaźasća lět stary/stara.
(ich) bin neunundzwanzig Jahre[2] alt$^{m/w}$
Ich$^{m/w}$ bin neunundzwanzig Jahre alt.
(sagt Mann/Frau)

Zwotkel přińdźeš/přińdźeće? **Herkunft**
Wótkul pśiźoš/pśiźośo?
woher kommst(-du)/kommt(-ihr)
Woher kommst du/kommen Sie?

Ja přińdu z ... (+2)
Ja pśiźom z ... (+2)
ich komme aus ...
Ich komme aus ...

<table>
<tr><td>Bayersk|a (Eig w, -eje)</td><td>Bayern</td></tr>
<tr><td>Baden-Württembergsk|a (Eig w, -eje)</td><td>Baden-Württemberg</td></tr>
<tr><td>Hamburg (m, -a)</td><td>Hamburg</td></tr>
<tr><td>Hessensk|a (Eig w, -eje)</td><td>Hessen</td></tr>
<tr><td>Awstrisk|a (Eig w, -eje)</td><td>Österreich</td></tr>
<tr><td>Šwicarsk|a (Eig w, -eje)</td><td>Schweiz</td></tr>
<tr><td>Francojsk|a (Eig w, -eje)</td><td>Frankreich</td></tr>
<tr><td>Pólsk|a (Eig w, -eje)</td><td>Polen</td></tr>
<tr><td>Česk|a (Eig w, -eje)</td><td>Tschechien</td></tr>
</table>

In der nebenstehenden Liste stehen die Beugungsendungen des 2. Falls, den man für den obigen Satz braucht, in Klammern (die ober- und niedersorbischen Bezeichnungen sind identisch).

Beruf **Kajke powołanje maš/maće?**
Kake pówołanje maš/mašo?
was-für^{s4} Beruf^{4} hast(-du)/habt(-ihr)
Was haben Sie für einen Beruf?

Auf diese Fragen nach dem Beruf kann man antworten mit **Sym/ Som ...** *„Ich bin ..." (in der Umgangssprache gebräuchlicher) oder mit* **Dźěłam jako .../ źěłam ako ...** *„Ich arbeite als ...".*

Što tam činiš/činiće?
Co tam gótujoš/gótujošo?
was^{4} dort machst(-du)/macht(-ihr)
Was arbeitest du / arbeiten Sie dort?

Sym busowy šofer.
Som busowy šofer.
bin Bus-$^{Eig-m}$ Chauffeur
Ich bin Busfahrer.

Dźěłam jako wučer.
Źěłam ako wucabnik.
arbeite(-ich) als Lehrer
Ich arbeite als Lehrer.

<table>
<tr><td>(fachow|y/-a) dźěłaćer/-ka (m/w)</td><td>(fachow|y/-a) źěłaśe|ŕ/-rka (m/w)</td><td>(Fach-)Arbeiter/-in</td></tr>
<tr><td>bjezdźěłn|y/-a (m/w)</td><td>bźezdźěłabn|y/-a (m/w)</td><td>arbeitslos</td></tr>
<tr><td>lěkar/-ka (m/w)</td><td>gójc/-owka (m/w)</td><td>Arzt/Ärztin</td></tr>
<tr><td>pjekar/-ka (m/w)</td><td>pjaka|ŕ/-rka (m/w)</td><td>Bäcker/-in</td></tr>
<tr><td>frizer/-ka (m/w)</td><td>frizer/-ka (m/w)</td><td>Friseur/-in</td></tr>
<tr><td>hospoza (w)</td><td>góspoza (w)</td><td>Hausfrau</td></tr>
<tr><td>inženjer/-ka (m/w)</td><td>inženjer/-ka (m/w)</td><td>Ingenieur/-in</td></tr>
<tr><td>wučer/-ka (m/w)</td><td>wucabni|k/-ca (m/w)</td><td>Lehrer/-in</td></tr>
<tr><td>murjer/-ka (m/w)</td><td>murja|ŕ/-rka (m/w)</td><td>Maurer/-in</td></tr>
<tr><td>listonošer/-ka (m/w)</td><td>lista|ŕ/-rka (m/w)</td><td>Postbote/-in</td></tr>
<tr><td>profesor/-ka (m/w)</td><td>profesor/-ka (m/w)</td><td>Professor/-in</td></tr>
<tr><td>prawizni|k/-ca (m/w)</td><td>pšawizni|k/-ca (m/w)</td><td>Rechtsanwalt/-wältin</td></tr>
<tr><td>šuler/-ka (m/w)</td><td>wukni|k/-ca (m/w)</td><td>Schüler/-in</td></tr>
<tr><td>sekretarka (w)</td><td>sekretarka (w)</td><td>Sekretärin</td></tr>
<tr><td>wojak (m)</td><td>wójak (m)</td><td>Soldat</td></tr>
<tr><td>student/-ka (m/w)</td><td>student/-ka (m/w)</td><td>Student/-in</td></tr>
<tr><td>předawar/-ka (m/w)</td><td>pśedawa|ŕ/-rka (m/w)</td><td>Verkäufer/-in</td></tr>
</table>

Aufenthalt

Kak so ći/Wam tu spodoba?
Kak se śi/Wam how spódoba?
wie sich dir^{3}/euch^{3} hier gefällt(-es)
Wie gefällt es dir/Ihnen hier?

Mi so tu jara derje spodoba.
Mě se how wjelgin derje spódoba.
mir^{3} sich hier sehr gut gefällt(-es)
Mir gefällt es hier sehr gut.

Sy/Sće prěni raz tu přišoł/přišła/přišli?
Sy/Sćo prědny raz how pśišeł/pśišła/pśišli?
bist/seid(-ihr) erster^{m4} Mal^{4} hier gekommen$^{m/w/Mz}$
Bist du$^{m/w}$ / Sind Sie$^{m/w/Mz}$ zum ersten Mal hier?

Njejsym hišće tu był/była.
Njejsom hyšći how był/była.
nicht-bin noch hier gewesen$^{m/w}$
Ich$^{m/w}$ war noch nicht hier.

Hdźe bydliš/bydlićе?
Źo bydliš/bydlišo?
wo wohnst(-du)/wohnt(-ihr)
Wo wohnst du / wohnen Sie?

Bydlu w hotelu.
Bydlim w hotelu.
wohne(-ich) in Hotel^{6}
Ich wohne im Hotel.

Wopytam přiwuznych.
besuche(-ich) Verwandte-$^{Eig\text{-}mPers4}$
Woglědajom k pśiswójźbnym.
schaue(-ich) zu Verwandte-$^{Eig\text{-}3}$
Ich besuche Verwandte.

Benutzen Sie im nebenstehenden Beispielsatz die männliche bzw. weibliche Form für einen Mann bzw. Frau, den/die Sie duzen oder siezen. Für mehrere Personen, die Sie duzen oder siezen, verwenden Sie die Mehrzahlform. Im Niedersorbischen wird jedoch auch für nur eine Person, die man siezt, die Mehrzahlform verwendet.

Floskeln & Redewendungen

In jeder Fremdsprache gibt es einige Floskeln, die sich nicht so ohne weiteres eins zu eins ins Deutsche übertragen lassen. Dies ist auch im Sorbischen der Fall. Da sich diese Wendungen in vielen Gesprächen häufig wiederholen, ist es sinnvoll, diese sicher zu beherrschen. Für viele eher oberflächliche Gespräche ist es das ideale Rüstzeug.

einverstanden & nicht einverstanden sein

Sym/njejsym z tym přezjedny/přezjedna!
Som/njejsom z tym wobjadny/wobjadna!
bin/nicht-bin mit dieses[5] einverstanden[m/w]
Ich[m/w] bin damit (nicht) einverstanden!
(sagt Mann/Frau)

To mam/nimam za dobre.
To mam/njamam za dobre.
dieses[4] habe(-ich)/nicht-habe(-ich) für gutes[s4]
Das finde ich (nicht) gut!

Wo to njerodźu.	**(Ja) chcu/nochcu.**
Wó to njerożim.	**(Ja) com/njocom.**
um dieses[4] nicht-mag(-ich)	*(ich) will/nicht-will(-ich)*
Das passt mir nicht!	Ich will (nicht).

zustimmen & ablehnen

Haj!	**So wě!**	**Jasne!**	**Rady!**
Jo!	**Se wě!**	**Jasne!**	**Rad/Rada!**
ja	*sich weiß(-es)*	*klares[s]*	*gern[U] / gern[m/w]*
Ja!	Klar!	Klar!	Gern! *(Mann/Frau)*

Žadyn problem!
Žeden problem!
kein[m] Problem
Kein Problem!

Samorozumliwje!
Samorozmějucy!
selbstverständlich[U]
Selbstverständlich!

No, derje!
No, derje!
na, gut[U]
Super! Prima!

(To) nimaš prawje!
(To) njamaš pšawje!
(dieses[4]) nicht-hast(-du) recht[U]
Du hast nicht (damit) Recht!

Maš prawje!
Maš pšawje!
hast(-du) recht[U]
Du hast Recht!

Přihłosuju tebje/Wam.
Pśigłosujom tebje/Wam.
zustimme(-ich) dir[3]/euch[3]
Ich stimme dir/Ihnen zu.

Ně!
Ně!
nein
Nein!

To chcu/nochcu!
To com/njocom!
dieses[4] will(-ich)/nicht-will(-ich)
Ich möchte das/möchte das nicht!

Nadźijam so, zo ...
Nażejam se, až ...
hoffe(-ich) sich dass ...
Ich hoffe, dass ...

Po mojim měnjenju ...
Pó mójom měnjenju ...
nach mein[s6] Meinung[6] ...
Meiner Meinung nach ...

seine Meinung sagen

Mam hinaše/druhe měnjenje.
Mam hynakše/druge měnjenje.
habe(-ich) andersartiges/anderes[s4] Meinung[4]
Ich habe eine andere Meinung.

Sym druheho / Som drugego měnjenja.
bin anderes[s2] Meinung[2]
Ich bin anderer Meinung.

Što Wy (sej) mysliće wo tym?
was^{4} ihr (sich^{3}) denkt über dieses^{6}
Co Wy se mysliśo wó tom?
was^{4} ihr sich^{3} denkt über dieses^{6}
Was denken Sie (darüber)?

Myslu (sej), zo ...
denke(-ich) (sich^{3}), dass ...
Myslim se, až ...
denke(-ich) sich, dass ...
Ich denke, dass ...

Ja to tež tak widźu.
Ja to teke tak wiźim.
ich dieses^{4} auch so sehe
Ich sehe das genauso.

Lust & keine Lust haben

Mam lóšt na zmjerzlinu.
habe(-ich) Lust^{4} auf Speiseeis^{4}
Mam lušt na marznjone.
habe(-ich) Lust^{4} auf gefrorenes-$^{Eig\text{-}s4}$
Ich habe Lust auf ein Eis.

Mam lóšt do kina hić.
Mam lušt do kina hyś.
habe(-ich) Lust^{4} nach Kino^{2} gehen
Ich habe Lust ins Kino zu gehen.

Mi so tuteje jědźe nochce.
Mě se toś teje jěźi njoco.
mir^{3} sich diese^{w2} Speise^{2} nicht-will(-es)
Ich habe keine Lust auf dieses Essen.

Chce so tebje w měsće nakupować?
Co se tebje w měsće nakupowaś?
will(-es) sich dir^{3} in Stadt^{6} einkaufen
Hast du Lust, in der Stadt einzukaufen?

Bych rady do kina šoł/šła.
würde(-ich) gern[U] nach Kino[2] gegangen[m/w]
Ja by rad/rada do kina šeł/šła.
ich würde(-ich) gern[m/w] nach Kino[2] gegangen[m/w]
Ich[m/w] würde gern ins Kino gehen.

Etwas förmlicher klingen die nebenstehenden, mit dem Möglichkeitsfall (Konjunktiv) formulierten Wünsche.

Bych rady ... jědł/jědła. (+4)
würde(-ich) gerne[U] ... gegessen[m/w]
By rad/rada ... jědł/jědła. (+4)
würde(-ich) gerne[m/w] ... gegessen[m/w]
Ich[m/w] möchte ... essen. („Ich habe Lust auf ...")

sich freuen & traurig sein

Ja so hižo na to raduju.
Ja se južo na to wjaselim.
ich sich schon auf dieses[4] freue(-ich)
Darauf freue ich mich schon.

Raduju so.
Wjaselim se.
freue(-ich) sich
Ich freue mich.

Raduju/wjeselu so dobrej jědźi.
Wjaselim se dobrej jěźi.
freue(-ich)/freue(-ich) sich gute[w3] Speise[3]
Ich freue mich über das gute Essen.

Wjeselu so nad Wašym wopytom.
Wjaselim se nad Wašym woglědom.
freue(-ich) sich über euer[m5] Besuch[5]
Ich freue mich über Ihren Besuch.

Sym sebi wjace wočakował/wočakowała.
Som sebje wěcej docakował/docakowała.
bin sich[3] mehr erwartet[m/w]
Ich[m/w] hatte mir mehr erwartet.
(sagt Mann/Frau)

Sym zbožny/zbožna / zrudny/zrudna.
Som glucny/glucna / tužny/tužna.
*bin glücklich*m/w */ traurig*m/w
Ichm/w bin glücklich/traurig. *(sagt Mann/Frau)*

überrascht sein
To njejsym tak wočakował/wočakowała.
To njejsom tak docakował/docakowała.
*dieses*4 *nicht-bin so erwartet*m/w
Das hatte ichm/w so nicht erwartet.
(sagt Mann/Frau)

Sym pozitiwnje/negatiwnje překwapjeny/překwapjena.
Som pozitiwnje/negatiwnje pśechwatany/pśechwatana.
*bin positiv*U*/negativ*U *überrascht*m/w
Ichm/w bin positiv/negativ überrascht.
(sagt Mann/Frau)

sich wohl/ unwohl fühlen

Generell beklagt man sich recht wenig und ist eher optimistisch. Auf die Frage nach dem Befinden erzählt man nicht ausladend über sämtliche chronische Krankheiten ...

Kak so wjedźeš/wjedźeće?
wie sich führst(-du)/führt(ihr)
Kak se tebje/Wam źo?
*wie sich dir*3*/euch*3 *geht(-es)*
Wie geht's dir/Ihnen?

(Ja so) jara derje/špatnje (wjedu).
*(ich sich) sehr gut*U*/schlecht*U *(führe(-ich))*
(Mě se źo) wjelgin derje/špatnje.
*(mir*3 *sich geht(-es)) sehr gut*U*/schlecht*U
(Mir geht es) sehr gut/schlecht.

wichtige Ausrufe
Wenn man die folgenden Ausrufen kennt, kann man auch schon etwas „mitreden" ...

Tak!	**Tak!**	*so*	Ja!, In Ordnung!
Och!	**Och!**	*ach*	Ach!
No jo!	**No jo!**	*na ja*	Na ja!
Wulkotnje!	**Wjelicnje!**	*großartig*[U]	Klasse!, Großartig!
Wuběrnje!	**Wuběrnje!**	*ausgewählt*[U]	Toll! Super!
Kak rjenje!	**Kak rědnje!**	*wie schön*[U]	Wie schön!
Kak strašnje!	**Kak tšašnje!**	*wie schrecklich*[U]	Wie schrecklich!
O jejko!	**O jejko!**	*O je-chen*	Oje!, O weia!
Škoda!	**Škóda!**	*schade*	Wie schade!
Pomoc!	**Pomoc!**	*Hilfe*[4]	Hilfe!
Moj Bóh!	**Mój Bog!**	*mein Gott*	Mein Gott!
Jězuso Maria!	**Jezus Maria!**	*Jesus*[7] *Maria / Jesus Maria*	Um Himmels Willen!

Tak to dźe a tak to je!
Tak to źo a tak to jo!
so dies geht und so dies ist
Tja, so ist das halt!

Mam strach!
Mam tšach!
habe(-ich) Angst[4]
Ich habe Angst!

Das Wetter

Das Wetter ist immer ein dankbares Thema, um ins Gespräch zu kommen. Eine erfahrene Bäuerin wird das Wetter womöglich viel präziser vorhersagen können, als Sie es aus den Nachrichten gewohnt sind.

Kake wjedro je?	**Dźensa je jara ...**	**Je ...**
Kake wjedro jo?	**Źinsa jo wjelgin ...**	**Jo ...**
was-für[s] Wetter ist	*heute ist(-es) sehr ...*	*ist ...*
Wie ist das Wetter?	Heute ist es sehr ...	Es ist ...

ćopło	**śopło**	*warmes[s]*	warm
zyma	**zyma**	*Kälte*	kalt
mróčelate	**mrokojte**	*wolkiges[s]*	bewölkt
jasne	**bytše**	*klares[s]*	klar
rjane	**rědne**	*schönes[s]*	schön
špatne	**špatne**	*schlechtes[s]*	schlecht
słónčne	**słyńcne**	*sonniges[s]*	sonnig
horco	**góruco**	*heißes[s]*	heiß
wětrojte	**wětšojte**	*windiges[s]*	windig
kurjawojte	**kurjawate**	*nebeliges[s]*	nebelig
hładko	**gładko**	*glattes[s]*	glatt
błysk (m)	**błysk** (m)	*Blitz*	Blitz
hrimanje (s)	**grimanje** (s)	*Donner*	Donner
woškrot (m)	**pólodk** (m)	*Glatteis*	Glatteis
krupy (Mz)	**kšupy** (Mz)	*Hagel*	Hagel
měsac (m)	**mjasec** (m)	*Mond*	Mond
kurjawa (w)	**kurjawa** (w)	*Nebel*	Nebel
dešć (m)	**dešć** (m)	*Regen*	Regen
tučel (w)	**tyca** (w)	*Regenbogen*	Regenbogen

sněh (m)	**sněg** (m)	*Schnee*	Schnee
šwihel (m)	**tšurnjenje** (s)	*Schauer*	Schauer
słónco (s)	**słyńco** (s)	*Sonne*	Sonne
njewjedro (s)	**njewjedro** (s)	*nicht-Wetter*	Unwetter
wětr (m)	**wětš** (m)	*Wind*	Wind
mróčel (w)	**mrokawa** (w)	*Wolke*	Wolke

(Dešć) so dźe.
(Dešć) se źo.
(Regen) sich geht(-er)
Es regnet.

Sněh so dźe.
Sněg se źo.
Schnee sich geht(-er)
Es schneit.

Słónco swěći.
Słyńco swěši.
Sonne scheint(-sie)
Die Sonne scheint.

Sněh (so) pada.
Sněg (se) pada.
Schnee (sich) fällt(-er)
Es schneit.

So pada./Se pada. *kann entweder „es regnet" oder „es schneit" bedeuten,* **so dźe / se źo** *ohne weitere Angabe heißt immer „es regnet".*

Kake wjedro budźe?
Kake wjedro buźo?
was-für[s] Wetter wird
Wie wird das Wetter?

Póńdźe-li so hišće?
Pójźo-li se hyšći?
gehen-wird(-es)-ob sich noch
Ob es noch regnen wird?

Dźensa póńdźe so cyły/wšón dźeń.
Źinsa pójźo se cełу/wšen źeń.
heute gehen-wird(-es) sich ganzer[m4]/all[m4] Tag[4]
Heute wird es den ganzen Tag regnen.

Słónco so zawěsće hišće raz přebije.
Słyńco se zawěsće hyšći raz pśebijo.
Sonne sich für-sicher noch Mal[4] durchschlägt(-sie)
Die Sonne kommt bestimmt noch mal durch.

Zu Gast sein

Wenn Sie bei Sorben eingeladen sind, brauchen Sie nicht zu hetzen. Lieber etwas später als zu früh, könnte die sorbische Devise lauten. Man steht also keinesfalls zu früh vor der Tür. Bringen Sie ein kleines Geschenk mit, z. B. eine Flasche guten Schnaps für den Herrn und etwas Süßes für die Frau. Ziehen Sie auf jeden Fall die Schuhe aus, bevor Sie die Wohnung bzw. das Haus Ihres Gastgebers betreten. Man wird Sie wahrscheinlich nicht direkt darum bitten, aber Ihr Gastgeber würde es als sehr unhöflich empfinden, wenn Sie mit Ihren Straßenschuhen in seine Wohnung gingen. Ihnen werden sicherlich Hausschuhe angeboten.

Anstatt des rückbezüglichen besitzanzeigenden Fürwortes **swój** *(welches sich auf den Satzgegenstand zurückbezieht und somit u. a. „mein, dein, unser, euer" heißen kann) können Sie in der Umgangssprache auch* **mój, twój, naš, waš** *verwenden.*

Póńdź/póńdźće nutř, prošu!
Pójź/pójźćo nutś, pšosym!
komm!/kommt! herein, bitte(-ich)
Komm / Kommen Sie bitte herein!

Prošu, syń/syńće so!
Pšosym, seń/seńśo se!
bitte(-ich), sitz!/setzt! sich
Bitte, nimm / nehmen Sie Platz!

To je moja mandźelska Marjana.
To jo mója manźelska Marjana.
dieses^{s} ist meine^{w} ehefrauliche-$^{Eig\text{-}w}$ Marianne
Das ist meine Frau Marianne.

Směm Wam swojeho přećela předstajić?
Smějom Wam swójogo pśijaśela pśedstajiś?
darf(-ich) euch[3] eigener[m4] Freund[4] vorstellen
Darf ich Ihnen meinen Freund vorstellen?

„Darf ich Ihnen ... vorstellen?" ist eine eher etwas geschraubte Konstruktion und wird seltener verwendet.

To mje wjeseli!
To mě wjaseli!
das mich[4] freut(-es)
Freut mich!, Angenehm!

Familie & Verwandtschaft

Familie hat nach wie vor einen hohen Stellenwert. Und auch die Unterstützung innerhalb der Familie funktioniert noch sehr gut. Ältere Menschen verbringen ihren Lebensabend meist im Kreise ihrer Familie und verhältnismäßig selten in Pflege- oder Seniorenwohnheimen.

Sće woženjeny/woženjena?
seid(-ihr) verheiratet[m/w]
Sćo wóženjone?
seid(-ihr) verheiratete[Mz]
Sind Sie[m/w] verheiratet?

(Ja) sym ...
(Ja) som ...
(ich) bin ...
Ich[m/w] bin ...

wožen|jeny/-jena (m/w)	**wóžen|jony/-jona** (m/w)	verheiratet
swobodn|y/-a (m/w) *frei[m/w]*	**fryjn|y/-a** (m/w) *frei[m/w]*	alleinstehend
wudow|c/-a (m/w)	**wudow|c/-a** (m/w)	Witwer/Witwe
wowka (w)	**starka** (Eig, w)	Oma
dźěd (m)	**starki** (Eig, m)	Opa
mandźelskaj (Eig, Zz)	**manźelskej** (Eig, Zz)	Ehepaar
mandźelska (Eig, w), **žona** (w)	**manźelska** (Eig, w), **žeńska** (Eig, w)	Ehefrau
mandźelski (Eig, m), **muž** (m)	**cłowjek** (m), **muž** (m)	Ehemann

mać (w, **-erje**)	**mama** (w)	Mutter
nan (m)	**nan** (m)	Vater
holca (w)	**źowćo** (s)	Mädchen
hólc (m)	**gólc** (m)	Junge
syn (m)	**syn** (m)	Sohn
dźowka (w)	**źowka** (w)	Tochter
sotra (w)	**sotša** (w)	Schwester
bratr (m)	**bratš** (m)	Bruder
wnuk (m)	**źiśiźiśe** (s)	Enkelkind
wnuk (m)	**syna/źowki syn** (m) *Sohn²/Tochter² Sohn*	Enkelsohn
wnučka (w)	**syna/źowki źowka** (w) *Sohn²/Tochter² Tochter*	Enkeltochter
ćeta (w)	**śota** (w)	Tante
wuj (m)	**wujk** (m)	Onkel
swak (m)	**šwogor** (m)	Schwager
swakowa (Eig, w)	**šwogorka** (w)	Schwägerin

Die Mehrzahl von **bratr/bratš** *ist unregelmäßig:* **bratřa/bratśi**. *Die Mehrzahl von* **źiśiźiśe** *ist ebenfalls unregelmäßig:* **źiśiźiśi**. *Der 2. Fall von* **źiśiźiśe** *lautet in der Einzahl* **źiśiźiśa**, *in der Mehrzahl* **źiśiźiśi**!

Maš dźěći?
Maš źiśi?
hast(-du) Kinder⁴
Hast du Kinder?

Nimam dźěći.
Njamam źiśi.
nicht-habe(-ich) Kinder²
Ich habe keine Kinder.

Mam dwě dźěsći, holcu a holca.
Mam dwě góleśi, źowćo a gólca.
habe(-ich) zwei^Zz-s4 Kinder^Zz4 Mädchen⁴ und Junge⁴
Ich habe zwei Kinder, ein Mädchen und einen Jungen.

Mój syn je dwanaće lět stary.
Mój syn jo dwanasćo lět stary.
mein^m Sohn ist zwölf Jahre² alt^m
Mein Sohn ist zwölf Jahre alt.

Moja dźowka je dźesać lět stara.
Mója źowka jo źaseś lět stara.
meine[w] Tochter ist zehn Jahre[2] alte[w]
Meine Tochter ist 10 Jahre alt.

Wón/wona hišće chodźi do šule.
Wón/wóna hyšći chójźi do šule.
er/sie noch geht nach Schule[2]
Er/sie geht noch zur Schule.

Moja mać hižo njeje žiwa.
meine[w] Mutter schon nicht-ist(-sie) lebendige[w]
Mója mama wěcej njejo žywa.
meine[w] Mutter mehr nicht-ist(-sie) lebendige[w]
Meine Mutter lebt nicht mehr.

jabłučina (w)	**jabłucyna** (w)	Apfelbaum
kupjelnja (w)	**kupadło** (s)	Bad
kupanska wanja (w) *Bade-[Eig-w] Wanne*	**kupańska wana** (w)	Badewanne
balkon (m)	**balkon** (m)	Balkon
łožo (s)	**póstola** (w)	Bett
krušwina (w)	**kšušcyna** (w)	Birnbaum
kawč (w)	**kawč** (w)	Couch
třěcha (w)	**kšywo** (s)	Dach
duša (w)	**duša** (w)	Dusche
zachod (m)	**zachod** (m)	Eingang
wokno (s)	**wokno** (s)	Fenster
chěža (w)	**wjaža** (w)	Flur
zahroda (w)	**gumno** (s), **zagroda** (w)	Garten

Haus & Garten

Planen Sie genügend Zeit ein! In der Regel wird man auch das Anwesen mit all den dazugehörigen Tieren, Gemüsebeeten und landwirtschaftlichen Maschinen präsentieren. Auch die Familiengeschichte sowie Geschichten aus dem Dorfleben werden gerne und ausführlich erzählt.

dom (m), **chěža** (w)	**dom** (m), **chrom** (m)	Haus
kuchnja (w)	**kuchnja** (w)	Küche
spanska (stwa) (w), *Schlaf-[Eig-w] Zimmer* **lěharnja** (w)	**spańska (śpa)** (w)	Schlafzimmer
křesło (s)	**sedło** (s)	Sessel
blido (s)	**blido** (s)	Tisch
toaleta (w)	**toaleta** (w)	Toilette
schód (m, **schoda**)	**stupnica** (w), **trepa** (w)	Treppe
durje (Mz)	**źurja** (Mz, **-i**)	Tür
sadowy štom (m) *Obst-[Eig-m] Baum*	**sadowy bom** (m)	Obstbaum
zawěšk (m)	**zapowjesk** (m)	Vorhang
sćěna (w)	**sćěna** (w)	Wand
łuka (w)	**łuka** (w)	Wiese
bydlenska (stwa) (w) *Wohn-[Eig-w] (Zimmer)*	**bydleńska (śpa)** (w)	Wohnzimmer
płót (m, **płota**)	**płot** (m)	Zaun
stwa (w)	**śpa** (w)	Zimmer

Essen & Trinken anbieten

Sće lačny/lačna?
seid(-ihr) durstig[m/w]
Sind Sie[m/w] durstig?

Sće hłódny/hłódna?
seid(-ihr) hungrig[m/w]
Sind Sie[m/w] hungrig?

Sćo łacne?
seid(-ihr) durstige[Mz]
Sind Sie durstig?

Sćo głodne?
seid(-ihr) hungrige[Mz]
Sind Sie hungrig?

Chceš/chceće (hišće) něšto jěsć abo pić?
Coš/cośo (hyšći) něco jěsć abo piś?
willst/wollt(-ihr) (noch) etwas[4] essen oder trinken
Möchtest du / möchten Sie (noch) etwas essen oder trinken?

Sym (trochu) lačny/lačna / hłódny/hłódna.
Som (pitśku) łacny/łacna / głodny/głodna.
bin (bisschen) durstig[m/w] / hungrig[m/w]
Ich[m/w] bin (ein bisschen) durstig / hungrig.

Ně, dźakuju so, sym hižo jědł/jědła.
Ně, źěkuju se, som južo jědł/jědła.
nein, danke(-ich) sich, bin schon gegessen[m/w]
Nein danke, ich[m/w] habe schon gegessen.

Wzmi/wzmiće sej hišće něšto!
Wzej/wzejśo se hyšći něco!
nimm!/nehmt! sich[3] noch etwas[4]
Nimm dir / nehmen Sie sich noch etwas!

Daj/dajće sej słodźeć! **Słodźi Wam?**
Daj/dajśo sebje słožeś! **Słoži Wam?**
gib!/gebt! sich[3] schmecken *schmeckt(-es) euch[3]*
Guten Appetit! Schmeckt es Ihnen?

To słodźi jara derje, měj/mějće dźak!
To słoži wjelgin derje, měj/mějśo źěk!
dieses schmeckt sehr gut[U], hab!/habt! Dank[4]
Das schmeckt sehr gut, danke!

Ně, sym hižo přewjele jědł/jědła a pił/piła, dźakuju so.
Ně, som južo pśewjele jědł/jědła a pił/piła, źěkujom se.
nein, bin schon zu-viel gegessen[m/w] und getrunken[m/w], danke(-ich) sich
Nein danke, ich[m/w] habe schon zu viel gegessen und getrunken.

*Traditionell begrüßen Sorben ihre Gäste mit Brot (***chlěb/klěb***) und Salz (***sól/sol***). Außerdem wird der Hausherr (***hospodar/góspodaŕ***) ein Schnäpschen (***palenc/paleńc***) anbieten. Dieses sollte man auf keinen Fall abschlagen.*

Haj, dźakuju so, hišće trochu wozmu.
Jo, źěkujom se, hyšći pitśku wzejom.
ja, danke(-ich) sich, noch bisschen nehme(-ich)
Ja, danke, ich nehme noch ein bisschen was.

Je to něšto typiskeho z wokoliny?
Jo to něco typiskego z wokolnosći?
ist dieses etwas typisches-[Eig-s2] aus Umgebung[2]
Ist das etwas Typisches aus der Region?

sich verabschieden

Wenn Sie aufbrechen möchten, dürfen Sie dies auch deutlich sagen. Durch die Blume geäußerte Floskeln werden in der Regel nicht verstanden (oder Ihr Gastgeber will diese nicht verstehen). Denn haben sich Sorben erst einmal mit ihrem Besuch angefreundet, wollen sie diesen so schnell nicht mehr weglassen.

Wodajće, ale hižo nimam časa.
entschuldigt!, aber schon nicht-habe(-ich) Zeit[2]
Wódajśo, ale njamam wěcej casa.
entschuldigt!, aber nicht-habe(-ich) mehr Zeit[2]
Entschuldigen Sie, aber ich habe keine Zeit mehr.

Je něto hižo jara pozdźe, bohužel dyrbju lós.
Jo něnto južo wjelgin pózdźe, bóžko musym los.
ist jetzt schon sehr spät[U], leider muss(-ich) los
Es ist schon sehr spät, ich muss leider gehen.

Wutrobny dźak za přeprošenje.
Wutšobny źěk za pšepšosenje.
herzlicher[m4] Dank[4] für Einladung[4]
Vielen Dank für die Einladung.

Zańdź/zańdźće zaso raz nimo / k nam!
Zajź/zajźćo zasej raz mimo / k nam!
vorbeikomm!/vorbeikommt! wieder mal vorbei / zu uns[3]
Komm(en Sie) uns mal wieder besuchen!

Religion

Vor allem die ländliche Bevölkerung ist sehr religiös. Die niederlausitzer Sorben sind (fast) durchweg Protestanten, in der Oberlausitz finden sich sowohl Katholiken als auch Protestanten.

christliches Brauchtum

jutrowne jěchanje (s) *Oster-[Eig-s] Reiten*	**jatšowne rejtowanje** (s)	Osterreiten
jutrowne spěwanje (s) *Oster-[Eig-s] Singen*	**jatšowne spiwanje** (s)	Ostersingen
chodojtypalenje (s)	**chódojtypalenje** (s)	Hexenbrennen
kěrmuša (w)	**kjarmuša** (w)	Kirmes
zapust (m)	**zapust** (m)	Fastnacht

Osterreiten ist ein katholischer Brauch v. a. in der Oberlausitz. Am Ostersonntag reiten die Männer eines Dorfes auf festlich geschmückten Pferden in das Nachbardorf, um die Botschaft von der Auferstehung Jesu Christi zu verkünden. Beim Hexenbrennen wird am 30. April (Walpurgisnacht) der Winter ausgetrieben und symbolisch eine Hexe(npuppe) angeprangert, verurteilt und verbrannt.

Der allsonntägliche Kirchgang gehört für einige Teile der Dorfbevölkerung zum Leben genauso dazu wie eine Morgen- und Abendandacht sowie das Tischgebet.

heidnische Elemente

walkowanje (s)	Waleien
łapanje kokota (s) *Schnappen Hahn[2]*	Hahnrupfen
zabijanje kokota (s) *Erschlagen Hahn[2]*	Hahnschlagen

Beim Waleien „murmeln" die Kinder mit Eiern.

Auffallend ist, dass besonders ältere Frauen für den Kirchgang statt ihrer Arbeits- oder Alltagstracht eine feierliche schwarze Kirchgangstracht tragen. Weiße Elemente sind in dieser Tracht fast nur in Trauerfällen und bei Beerdigungen zu finden.

Es ist üblich, beim Besuch eines sorbischen Gottesdienstes den Körper weitestgehend bedeckende dunkle Kleidung zu tragen. Farbige, insbesondere rosa oder rote Elemente werden ausschließlich zu Pfingsten getragen. In der Passionszeit (zwischen Aschermittwoch und Karsamstag) herrscht in den Dörfern eine besondere „Stille“.

cyrk|ej (w, **-wje**)	**cerkwja** (w)	Kirche
wołtar (m, **-ja**)	**hołtaŕ** (m)	Altar
Bóh (m)	**Bog** (m)	Gott
Jězus (m)	**Jezus** (m)	Jesus
swjaty	**swěty**	heilig
Boži	**Bóžy**	Gottes-, göttlich
wěra (w)	**wěra** (w)	Glaube
wěrić do ... (uv, 2a) *glauben nach ...* (+2)	**wěriś do ...** (uv, 2a) (+2)	glauben an ...
pobožny	**póbóžny**	fromm
ewangelski	**ewangeliski**	evangelisch
katolski	**katolski**	katholisch
kemša (w)	**namša** (w)	Gottesdienst
kemši *zu-Messe*	**namšu** *auf-Messe*	zum Gottesdienst
kemšichodźenje (s) *zu-Messe-Gehen*	**namšuchójźenje** (s) *auf-Messe-Gehen*	Kirchgang
kemšerska drasta (w)	**namšarska drastwa** (s)	Kirchgangstracht

farar (m)	**farař** (m)	Pfarrer
prědować (uv, 3a)	**prjatkowaś** (uv, 3b)	predigen
prědowanje (s)	**prjatkowanje** (s)	Predigt
modlić so (uv, 2a) *beten sich*	**bjatowaś** (uv, 3b) *beten*	beten
modlitwa (w)	**bjatowanje** (s)	Gebet
ruce styknyć (v, 3a) *Hände*[Zz4] *zusammenstecken*	**ruce styknuś** (v, 3b)	Hände falten
spěwarske (Eig, Mz)	**spiwarske** (Eig, Mz)	Gesangbuch
kěrluš (m)	**kjarliž** (m)	Kirchenlied
křćeńca (w)	**dupjenje** (s)	Taufe
křćizna (Mz)	**kólacyja** (s)	Taufe (Familienfest)
konfirmacija (w) *Konfirmation*	**(górjej)branje** (s) *(Hoch)nahme*	Konfirmation
kwas (m)	**swajźba** (w)	Hochzeit
pohrjeb (m)	**zakopowanje** (s)	Beerdigung
kmót (m)	**kmótš** (m)	Pate
swjatki (Mz)	**swětki** (Mz)	Pfingsten
ćichy čas (m) *stiller*[m] *Zeit*	**šichy cas** (m)	Passionszeit

Unterwegs

In den größeren Städten der Lausitz (Cottbus und Bautzen), finden Sie ein gut ausgebautes Verkehrsnetz vor. V. a. in Bautzen erspart es Ihnen die nervige Parkplatzsuche. Die umliegenden Dörfer werden abends und am Wochenende nur sehr spärlich von öffentlichen Verkehrsmitteln angefahren.

in der Stadt

Den nebenstehenden Fragesatz verwenden Sie nur, wenn Sie irgendwohin wollen, wo man auch „hineingehen“ kann (Zentrum, Park, Museum).

Prošu, kak přińdu do …? (+2)
Pšosym, kak pśiźom do …? (+2)
bitte(-ich), wie komme(-ich) nach …
Wie komme ich bitte nach/in/zu …?

Prošu, kak přińdu do centruma města?
Pšosym, kak pśiźom do centruma města?
bitte(-ich), wie komme(-ich) nach Zentrum^{2} Stadt^{2}
Wie komme ich bitte ins Stadtzentrum?

Wenn man auf irgendeinen Platz, Berg, Turm oder Ähnliches „hinaufgehen“ will, wählt man das Verhältniswort **na.**

Prošu, kak móžu so dóstać na křiwu wěžu?
bitte(-ich), wie kann(-ich) sich bekommen auf schiefe^{w4} Turm^{4}
Pšosym, kak móžom se dostaś na kśiwy torm?
bitte(-ich), wie kann(-ich) sich bekommen auf schiefer^{m4} Turm^{4}
Wie komme ich bitte auf den schiefen Turm?

Wenn man irgendwo „hingehen“ will, aber nicht „hinein“, z. B. zum Rathaus, verwendet man das Verhältniswort **k(e)/k(u).** Die Satzergänzung steht dann im 3. Fall:

Prošu, kak přińdu k historiskej měšćanskej muri?
Pšosym, kak pśiźom k historiskej měsćańskej muri?
bitte(-ich), wie komme(-ich) zu historische[w3] städtische[w3] Mauer[3]
Wie komme ich bitte zur historischen Stadtmauer?

Wodajće prošu, kak daleko je (hač) do ... (+2) / **na ...** (+4) / **k(e) ...** (+3)**?**
Wódajśo pšosym, kak daloko jo (až) do ... (+2) / **na ....** (+4) / **k(u) ...** (+3)**?**
entschuldigt(-ihr) bitte(-ich), wie weites[s] ist (bis) nach ... / auf ... / zu ...
Wie weit ist es bis zum/zur ...?

město (s)	**město** (s)	Stadt
chrom (m), **twarjenje** (s)	**chrom** (m), **twarjenje** (s)	Gebäude
centrum (m)	**centrum** (m)	Zentrum
dróha (w)	**droga** (w)	Straße
hasa (w)	**gasa** (w)	Gasse
naměsto (s)	**naměsto** (s)	Platz
radnica (w)	**radnica** (w)	Rathaus
cyrk|ej (w, **-wje**)	**cerkwja** (w)	Kirche
měšćanska murja (w) *städtische[w] Mauer*	**měsćańska murja** (w)	Stadtmauer
wobydler (m)	**wobydlaŕ** (m)	Bewohner
muzej (m)	**muzeum** (m), **muzej** (m)	Museum
park (m)	**park** (m)	Park
kěrchow (m)	**kjarchob** (m)	Friedhof
jězor (m)	**jazor** (m)	See
awtodróha (w)	**awtodroga** (w)	Autobahn
wuchodźować so (uv, 3a) *ergehen sich*	**wuchójźowaś se** (uv, 3b)	spazieren
wiki (Mz)	**wiki** (Mz)	Markt(platz)
dźiwadło (s)	**źiwadło** (s)	Theater

Richtung & Orientierung

Die wichtigsten Richtungsangaben finden Sie in der rechten inneren Umschlagklappe.

Hdźe da chceš/chceće?
Źo ga coš/cośo?
wo denn willst(-du)/wollt(-ihr)
Wohin willst du / wollen Sie?

Móžu (tam) pěši hić?
Móžom (tam) pěšy hyć?
kann(-ich) (dort) zu-Fuß gehen
Kann ich zu Fuß (dorthin) gehen?

Prošu, pokažće mi to na karće/ měšćanskim planje!
Pšosym, pokažćo mě to na kórśe/ měsćańskem planje!
bitte(-ich), zeigt! mir³ dies⁴ auf Karte⁶/Stadt-^Eig-m6 Plan⁶
Bitte zeig/en Sie mir das auf der Karte / auf dem Stadtplan!

Sym so zabłudźił/zabłudźiła.
Som se zabłuźił/zabłuźiła.
bin sich verirrt^m/w
Ich^m/w habe mich verlaufen.

Dźi/dźiće přeco runjewon!
Źi/źiśo pśecej narowno!
geh!/geht! immer geradeaus
Geh/gehen Sie immer geradeaus!

Pola přenjeho křižowanišća nalěwo.
bei erstes^s2 Kreuzung² links
Pśi prědnem kśicowanišću nalěwo.
bei erstes^s6 Kreuzung⁶ links
An der 1. Kreuzung links.

Po druhej ampli naprawo.
Pó drugej ampli napšawo.
nach zweite^{w6} *Ampel*^{6} *rechts*
Nach der 2. Ampel rechts.

mit Bus & Bahn

Hdźe dóstanu jězdźenki?
Źo dostanjom jězdnicki?
wo bekomme(-ich) Fahrscheine^{4}
Wo bekomme ich Fahrscheine?

Kotra linija jězdźi do ... (+2) / **k ...** (+3)**?**
Kótara linija jězdźi do ... (+2) / **k ...** (+3)**?**
welche^{w} *Linie fährt nach ... / zu ...*
Welche Linie fährt nach/zum/zur ...?

Kotry bus / kotru tramwajku dyrbju wzać?
welcher^{m4} *Bus*^{4}*/welche*^{w4} *Straßenbahn*^{4} *muss(-ich) nehmen*
Kótary bus / kótaru elektrisku musym wześ?
welcher^{m4} *Bus*^{4}*/welche*^{w4} *elektrische*$^{Eig\text{-}w4}$ *muss(-ich) nehmen*
Welchen Bus / welche Straßenbahn muss ich nehmen?

Kelko płaći jězdźenka?
wieviel kostet Fahrschein
Wjele kóštujo jězdnicka?
viel kostet Fahrschein
Wie viel kostet ein Fahrschein?

In Bautzen und Cottbus ist das öffentliche Verkehrsnetz gut ausgebaut. Allerdings wird man sich in den seltensten Fällen auf Sorbisch verständigen.

Auf dem Land

Der Spreewald ist Heimat für viele bedrohte Tier- und Pflanzenarten, die z. T. auf der Roten Liste stehen. Seit 1990 ist der Spreewald UNESCO-Biosphärenreservat.

Über die Entstehung des Spreewalds wird erzählt, dass der Teufel, als dieser die Spree (**Sprjewja**) pflügte, plötzlich wütend wurde, da er der Ansicht war, dass seine Ochsen, die er vor den Pflug gespannt hatte, zu langsam seien. Daraufhin schmiss er etwas nach den Ochsen, die ihrerseits erschrocken lossprangen und somit für die verschlungenen Fließe (**truhi**/**tšugi**) des Spreewalds verantwortlich sein sollen.

bedrohte Pflanzen des Spreewalds

wrjós (m, **-a**)	**wrjos** (m)	Heidekraut
kralowa paproć (w) *Königs-Eig-w Farn*	**kralowa paproś** (w)	Königsfarn
žorawa (w)	**šerawina** (w)	Moosbeere
kuklik (m)	**kukel** (m)	Nelkenwurz
bohowe łžički (Mz) *Gottes-Mz Löffelchen*	**bogowe łžycki** (Mz)	Sonnentau
fijałka (w)	**fijałka** (w)	Veilchen

Haus- & Hoftiere

kačka (w)	**kacka** (w)	Ente
kačor (m)	**kacor** (m)	Erpel
husa (w)	**gus** (w)	Gans
husor (m)	**gusor** (m)	Gänserich
libj|o (s, **-eća**)	**libje** (s, **-śa**)	Gänschen
pata, kokoš (w)	**pata, kokoš** (w)	Henne
kokot (m)	**kokot** (m)	Hahn
kurjatko (s)	**kurjetko** (s)	Küken
beja (w)	**beja** (w)	Hündin

p|os (m, **-sa**)	**p|jas** (m, **-sa**)	Hund
šćenj|o (s, **-eća**)	**šćenje** (s, **-śa**)	Welpe
kóčka (w)	**kócka** (w)	Katze
kocor (m)	**kócor** (m)	Kater
micka (w)	**kóśe** (s, **-śa**)	Kätzchen
kruwa (w)	**krowa** (w)	Kuh
čělc (m)	**byk** (m)	Stier
woł (m)	**woł** (m)	Ochse
ćel|o (s, **-eća**)	**śele** (s, **-śa**)	Kalb
swinj|o (s, **-eća**)	**swinja** (w)	Schwein
ranca (w)	**rampa** (w)	Sau
kundroz (m)	**kjandroz** (m)	Eber
pros|o (s, **-eća**)	**prose** (s, **-śa**)	Ferkel
wowca (w)	**wójca** (w)	Schaf
boran (m)	**baran** (m)	Schafsbock
jehnj|o (s, **-eća**)	**jagnje** (s, **-śa**)	Lamm
kóń (m)	**kóń** (m)	Pferd
kobła (w)	**kobyła** (w)	Stute
žrěbc (m)	**hengist** (m)	Hengst
žrěbj|o (s, -**eća**)	**žrěbje** (s, **-śa**)	Fohlen
koza (w)	**kóza** (w)	Ziege
kozoł (m)	**kózoł** (m)	Ziegenbock

*Der Storch (**baćon**/**bóśon**) erfreut sich im Spreewalds großer Beliebtheit. Überall finden sich die so genannten Storchenhorste. Im Internet gibt es eine Webcam, die aus einem Storchennest überträgt (www.storchennest.de). Auch der Wolf (**wjelk**) hat wieder seinen Weg in die Lausitz gefunden. Dafür gibt es Anzeichen im brandenburgisch-sächsischen Grenzgebiet und auch in Brandenburg.*

bedrohte Tiere des Spreewalds

worjoł (m)	**jerjeł** (m), **hodlaŕ** (m)	Adler
sowa (w)	**sowa** (w)	Eule
wudra (w)	**wudra** (w)	Fischotter
žoraw (m)	**žorawa** (w)	Kranich
konik (m) **swjateje Marcyny** *Pferdchen heilige² Martina²*	**bogowy kónik** (m) *Gottes-Eig-m Pferdchen*	Libelle
hupak (m)	**hupac** (m)	Wiedehopf

Übernachten

In Hotels, Pensionen und Ferienwohnungen wird man sich eher auf Deutsch verständigen, um Missverständnisse zu vermeiden. Ein kleiner Smalltalk auf Sorbisch kann allerdings nicht schaden ...

Hdźe je tu móžnosć k přenocowanju?
Źo jo how móžnosć k pśenocowanju ?
wo ist hier Möglichkeit zu Übernachten[3]
Wo kann man hier übernachten?

Kelko płaći nócléh?
wieviel kostet(-er) Nachtlager
Wjele kóštujo pśenocowanje?
viel kostet(-es) Übernachten
Wie viel kostet eine Übernachtung?

Hdy je snědanje? **Ga dajo snědanje?**
wann ist Frühstück *wann gibt(-es) Frühstück*[4]
Wann gibt es Frühstück?

(přе)nocowanje (s)	**(pśe)nocowanje** (s)	Übernachtung
nócłěh (m)	**noclěg** (m)	Nachtlager, Schlafplatz
hotel (m)	**hotel** (m)	Hotel
motel (m)	**motel** (m)	Motel
pension (m)	**pension** (m)	Pension
prózdninske bydlenje (s) *Ferien-*$^{\text{Eig-s}}$ *Wohnung*	**ferijowe bydlenje** (s)	Ferienwohnung
stwa (w)	**śpa** (w)	Zimmer
młodownja (w)	**młodownja** (w)	Jugendherberge
połpension (m)	**połpension** (m)	Halbpension
połny pension (m) *voller*^{m} *Pension*	**połny pension** (m)	Vollpension
snědanje (s)	**snědanje** (s)	Frühstück
wobjed (m)	**wobjed** (m)	Mittagessen
wječer (w)	**wjacerja** (w)	Abendbrot

Kak dołho wostanjeće?
Kak dłujko wóstanjośo?
wie lange^{U} *bleibt(-ihr)*
Wie lange bleiben Sie?

Wotjědu/wotjědźemy jutře.
Wótjěžom/wótjěžomy witśe.
abreise(-ich)/abreisen(-wir) morgen
Ich reise / wir reisen morgen ab.

Wostanu/wostanjemy dwaj dnaj/(jedyn) tydźeń.
Wóstanjom/wóstanjomy dwa dnja/(jaden) tyźeń.
bleibe(-ich)/bleiben(-wir) zwei$^{\text{Zz-m4}}$ *Tage*$^{\text{Zz4}}$*/*
(einer$^{\text{m4}}$*) Woche*^{4}
Ich bleibe/wir bleiben zwei Tage/eine Woche.

Essen & Trinken

Die Spreewälder Gurken sind ein bis heute unnachgeahmtes Unikat. Hier schmeckt man einfach den Spreewald.

Die Lausitzer Küche genießt einen sehr guten Ruf. Großer Beliebtheit erfreuen sich vor allem Fischgerichte in den verschiedensten Variationen. Das Geheimnis von gutem Lausitzer Fisch ist seine Butter- oder Biersoße, ein Gaumengenuss der Extraklasse. Natürlich sollte auch niemand die Lausitz verlassen, ohne das sorbische „Nationalgericht", Kartoffeln mit Leinöl und Quark, das früher viel auf dem Dorf gegessen wurde, probiert zu haben.

piwo (s)	**piwo** (s)	Bier
chlěb (m)	**klěb** (m)	Brot
butra (w)	**butra** (w)	Butter
jejo (s)	**jajo** (s)	Ei
ryba (w)	**ryba** (w)	Fisch
mjaso (s)	**měso** (s)	Fleisch
jogurt (m)	**jogurt** (m)	Joghurt
twarožk (m)	**twarožk** (m)	Käse
limonada (w)	**limonada** (w)	Limonade
margarina (w)	**margarina** (w)	Margarine
marmelada (w)	**marmelada** (w)	Marmelade
mloko (s)	**mloko** (s)	Milch
nudle (Mz)	**nudle** (Mz)	Nudeln
twaroh (m)	**twarog** (m)	Quark
rajs (m)	**rajs** (m)	Reis
tuk (w)	**placo** (s)	Schinken
woda (w)	**wóda** (w)	Wasser
kołbasa (w)	**jěšnica** (w)	Wurst
cokor (m)	**cukor** (m)	Zucker

Obst

jabłuko (s)	**jabłuko** (s)	Apfel
banana (w)	**banana** (w)	Banane
jahod(k)a (w)	**jagod(k)a** (w)	Beere
krušwa (w)	**kšuška** (w)	Birnen
ćernjowka (w)	**śernjowka** (w)	Brombeere
truskalca (w)	**słynica** (w)	Erdbeere
šiplenka (w) *Hagebutte*	**głogowe jabłuško** (s) *Hundsrosen-Eig-s Äpfelchen*	Hagebutten
malen(k)a (w)	**malin(k)a** (w)	Himbeere
wišnja (w)	**wišnja** (w)	Kirsche
slowka (w)	**slěwka** (w)	Pflaume
kosmačk (m)	**hendryška** (w), **bubańka** (w)	Stachelbeere

An den Früchtenamen kann man erkennen, wie bildlich die Bezeichnungen aus der Natur sind. So steckt im Wort **kosmačk** „Stachelbeere" das Wort **kosma** „(einzelnes) „Haar". In **ćernjowka**/**śernjowka** „Brombeere" steckt das Wort für „Dorn" (**ćerń**/**śerń**). Und das Wort **běrna** „Kartoffel" erinnert an die Birnenform der Erdknollen – die niedersorbische Entsprechung **kulka** weist eher auf die runde Form hin, **kulka** heißt wörtlich „Kügelchen".

Gemüse

*Die mit * gekennzeichneten Wörter sind Sammelbegriffe, die nur in der Einzahl auftreten.*

buna (w)	**bobowka** (w)	Bohne(nkorn)
truk (m)	**tšuk** (m)	Bohne(nschote)
bob (m)*	**bob** (m)*	Bohnen
hróšatko (s) *Erbschen*	**hrochowe zernko** (s) *Erbsen-Eig-s Korn*	Erbse(nkorn)
hroch (m)*	**groch** (m)*	Erbsen

<table>
<tr><td>kórka (w)</td><td>górka (w)</td><td>Gurke</td></tr>
<tr><td>běrna (w)</td><td>kulka (w)</td><td>Kartoffel</td></tr>
<tr><td>kobołk (m)</td><td>kobołk (m)</td><td>Knoblauch</td></tr>
<tr><td>kał (m)</td><td>kał (m)</td><td>Kohl</td></tr>
<tr><td>majs (m)</td><td>majs (m)</td><td>Mais</td></tr>
<tr><td>chrěn (m)</td><td>kśěn (m)</td><td>Meerrettich</td></tr>
<tr><td>morch|ej (w, -wje)</td><td>march|wej (w, -wje)</td><td>Möhre</td></tr>
<tr><td>radiska (w)</td><td>radiska (w)</td><td>Radieschen</td></tr>
<tr><td>salat (m)</td><td>salat (m)</td><td>Salat</td></tr>
<tr><td>selerij (m)</td><td>měrik (m)</td><td>Sellerie</td></tr>
<tr><td>tomata (w)</td><td>tomata (w)</td><td>Tomate</td></tr>
<tr><td>cybla (w)</td><td>cybula (w)</td><td>Zwiebel</td></tr>
</table>

Gewürze, Kräuter, Zutaten & Co.

<table>
<tr><td>curry (m, -ja)</td><td>curry (m, -ja)</td><td>Curry</td></tr>
<tr><td>koprik (m)</td><td>dyla (w)</td><td>Dill</td></tr>
<tr><td>kisało (s)</td><td>wósucha (w)</td><td>Essig</td></tr>
<tr><td>kobołk (m)</td><td>kobołk (m)</td><td>Knoblauch</td></tr>
<tr><td>pop|jer (m, -rja)</td><td>pjep|jeř (m, -rja)</td><td>Pfeffer</td></tr>
<tr><td>majron (m)</td><td>plowki (Mz)</td><td>Majoran</td></tr>
<tr><td>majoneza (w)</td><td>majoneza (w)</td><td>Mayonnaise</td></tr>
<tr><td>wolij (m)</td><td>wólej (m)</td><td>Öl</td></tr>
<tr><td>oregano (s)</td><td>oregano (s)</td><td>Oregano</td></tr>
<tr><td>paprika (w)</td><td>paprika (w)</td><td>Paprika</td></tr>
<tr><td>pětršilka (w)</td><td>peterzilija (w)</td><td>Petersilie</td></tr>
<tr><td>rosmarin (m)</td><td>rosmarin (m)</td><td>Rosmarin</td></tr>
<tr><td>želbija (w)</td><td>žalbja (w)</td><td>Salbei</td></tr>
<tr><td>sól (w, sele)</td><td>sol (w)</td><td>Salz</td></tr>
<tr><td>cyblink (m)</td><td>cybulinka (w)</td><td>Schnittlauch</td></tr>
<tr><td>žonop (m)</td><td>žonop (m)</td><td>Senf</td></tr>
<tr><td>cymt (m)</td><td>cymt (m)</td><td>Zimt</td></tr>
<tr><td>cokor (m)</td><td>cukor (m)</td><td>Zucker</td></tr>
</table>

Fisch & Fleisch

wuhor (m, **-ja**)	**wugoŕ** (m)	Aal
pomuchla (w)	**dorš** (m)	Dorsch
pstruha (w)	**pstruga** (w)	Forelle
šćuka (w)	**šćipjeł** (m)	Hecht
karp (m)	**karpa** (w)	Karpfen
candar (m, **-ja**)	**candaŕ** (m)	Zander

skopjace mjaso (s)	**skopowina** (w)	Hammelfleisch
ćelećina (w)	**śelecyna** (w)	Kalbfleisch
jehnjećina (w)	**jagnjeśina** (w)	Lammfleisch
trutowe mjaso (s)	**putowe měso** (s)	Putenfleisch
howjaze mjaso (s)	**gowjeze měso** (s)	Rindfleisch
swinjace mjaso (s)	**swinjece měso** (s)	Schweinefleisch
dźiwina (w)	**zwěrina** (w)	Wildbret

Zubereitung

pječeny	**pjacony**	gebraten
na grilu pječeny	**na grilu pjacony**	gegrillt
auf Grill[6] gebraten		
warjeny	**warjony**	gekocht
praženy	**pšažony**	geröstet
wupječeny	**wupjacony**	geschmort
mjechki	**měki**	gut durch
syry	**syry**	roh

Süßes

placki (Mz)	**bomse** (Mz)	Bonbons
zmjerzlina (w)	**marznjone** (Eig, s)	Eis (Speise-)
kakaw (m)	**kakaw** (m)	Kakao
tykanc (m)	**tykańc** (m)	Kuchen
puding (m)	**puding** (m)	Pudding
bita smjetana (w)	**bita zmjatana** (w)	Schlagsahne
šokolada (w)	**šokolada** (w)	Schokolade
torta (w)	**torta** (w)	Torte
wafla (w)	**wafla** (w)	Waffel

im Restaurant

In der Niederlausitz ist es nahezu ausgeschlossen, in einem Restaurant etwas auf Sorbisch zu bestellen, daher stehen hier viele Beispielsätze nur auf Obersorbisch.

Dobry dźeń, sće hižo wubrał/wubrała/wubrali?
guter[4] Tag[4], seid(-ihr) schon herausgenommen[m/w/Mz]
Guten Tag, haben Sie[m/w/Mz] schon gewählt?
(Frage an Mann/Frau/mehrere Personen)

Ně, my hišće hladamy.
nein, wir noch schauen(-wir)
Nein, wir schauen noch.

Ja hišće hladam.
ich noch schaue(-ich)
Ich schaue noch.

Tischgedeck

grat (m) *Besteck*	**jěžny rěd** (m) *Ess-[Eig-m] Gerät*	Besteck
bleša (w)	**flaša** (w)	Flasche
widlički (Mz)	**widlicki** (Mz)	Gabel
łžica (w)	**łžyca** (w)	Löffel
nóž (m, **noža**)	**nož** (m)	Messer
škl|a (w, **-ě**)	**škl|a** (w, **-ě**)	Schüssel
serwieta (w)	**serwieta** (w)	Serviette
šalka (w)	**tasa** (w)	Tasse
łžička (w)	**łžycka** (w)	Teelöffel
taler (m, **-ja**)	**talaŕ** (m)	Teller
škleńca (w)	**głažk** (m)	(Trink-)Glas
šklička (w)	**šklicka** (w)	Untertasse

Mam jenož mało apetita.
habe(-ich) nur wenig Appetit[2]
Ich habe nur wenig Appetit.

Bychmy rady skazali ... (+4)
würden(-wir) gern[U] bestellt[Mz] ...
Wir würden gern ... bestellen.

Minispeisekarte

měšany salat
gemischter Salat
šnicl z kroketami jako přidawk a čerwjeny kał
Schnitzel mit Kroketten als Beilage und roten Kohl *(Schnitzel mit Kroketten[5] als Beilage und roter[m] Kohl)*
kisała pječeń (w)
Sauerbraten *(saure[w] Braten)*
běrny z lanym wolijom a twarohom
Kartoffeln mit Leinöl und Quark *(Kartoffeln mit Lein-[Eig-m5] Öl[5] und Quark[5])*
karp (m) **ze smjetanu**
Karpfen in Sahne *(Karpfen mit Sahne[5])*

Bych rady skazał/skazała karpa.
würde(-ich) gern[U] bestellt[m/w] Karpfen[4]
Ich[m/w] würde gern einen Karpfen bestellen.

Dwójce kisału pječeń ze salatom, prošu.
zweimal saure[w4] Braten[4] mit Salat, bitte(-ich)
Zweimal Sauerbraten und Salat, bitte.

Móže hišće něšto być? **Ně, dźakuju so.**
kann(-es) noch etwas sein *nein, danke(-ich) sich*
Darf es noch was sein? Nein, danke.

Haj, ja bych chcył/chcyła hišće ... (+4)
ja, ich würde(-ich) gewollt[m/w] noch ...
Ja, ich[m/w] hätte gern noch ...

To njejsym skazał/skazała.
dieses[4] nicht-bin bestellt[m/w]
Das habe ich[m/w] nicht bestellt.

Ja sym wegetariar/wegetariarka.
Ja som wegetariaŕ/wegetariarka.
ich bin Vegetarier/Vegetarierin
Ich bin Vegetarier/Vegetarierin.

trinken & Getränke

Chceće něšto pić?
wollt(-ihr) etwas[4] trinken
Möchten Sie etwas trinken?

Haj, rady.
ja, gern[U]
Ja, gerne.

jabłukowa brěčka (w) *Apfel-[Eig-w] Saft*	**jabłukowa mězga** (w)	Apfelsaft
jabłukowa šorla (w) *Apfel-[Eig-w] Schorle*	**jabłukowa šorla** (w)	Apfelschorle
ćěmne piwo (s) *dunkles[s] Bier*	**śamne piwo** (s)	Bier (dunkles)
swětłe piwo (s) *helles[s] Bier*	**swětłe piwo** (s)	Bier (helles)
capuccino (m)	**cappucino** (m)	Cappuccino
Cola (w), **Fanta** (w), **Sprite** (w)	**Cola** (w), **Fanta** (w), **Sprite** (w)	Cola, Fanta, Sprite
espreso (m)	**espreso** (m)	Espresso
kofej (m)	**kofej** (m)	Kaffee
z mlokom / **bjez mloka** *mit Milch[5]/ohne Milch[2]*	**z mlokom** / **bźez mloka**	mit/ohne Milch
z cokrom / **bjez cokra** *mit Zucker[5]/ohne Zucker[2]*	**z cukrom** / **bźez cukra**	mit/ohne Zucker
kakaw (m)	**kakaw** (m)	Kakao
brěčka (w)	**mězga** (w)	Saft
oranžowa brěčka (w) *Orangen-[Eig-w] Saft*	**oranžowa mězga** (w)	Orangensaft
palenc (m)	**paleńc** (m)	Schnaps

čaj (m)	**tej** (m)	Tee
płodowy čaj (m) *Früchte-*$^{\text{Eig-m}}$ *Tee*	**płodowy tej** (m)	Tee (Früchte-)
čorny čaj (m) *schwarzer*^{m} *Tee*	**carny tej** (m)	Tee (schwarzer)
woda (w)	**wóda** (w)	Wasser (Mineral-)
wino (s)	**wino** (s)	Wein
wodka (w)	**wodka** (w)	Wodka

Kake wina da maće?
was-für$^{\text{Mz-s4}}$ *Weine*^{4} *denn habt(-ihr)*
Was für Weine haben Sie denn?

Chceće skerje słódke abo skerje suche wino pić?
wollt eher süßes$^{\text{s4}}$ *oder eher trockenes*$^{\text{s4}}$ *Wein*^{4} *trinken*
Möchten Sie eher einen lieblichen oder eher einen trockenen Wein trinken?

Ja će/Was přeprošu!
Ja śi/Was pśepšosyjom!
ich dich^{4}*/euch*^{4} *einlade*
Ich lade dich/Sie ein!

Ja sym na rjedźe!
Ja som na rěźe!
ich bin auf Reihe^{6}
Ich bin dran!

Njepiju alkohol.
Njepijom alkohol.
nicht-trinke(-ich) Alkohol^{4}
Ich trinke keinen Alkohol.

Na Waše lěpše!
Na Wašo lěpše!
auf euer$^{\text{s4}}$ *besseres*$^{\text{s4}}$
Auf Ihr Wohl!

Na rjany wječor!
Na rědny wjacor!
auf schöner$^{\text{m4}}$ *Abend*^{4}
Auf einen schönen Abend!

K strowosći!
K strowośći!
zu Gesundheit^{3}
Zum Wohl!, Prost!

Hišće dwě piwje!
Hyšći dwě piwje!
noch zwei[Zz-s4] Biere[Zz4]
Noch zwei Bier!

Za mnje ničo wjace.
Za mnjo nic wěcej.
für mich[4] nichts[4] mehr
Für mich nichts mehr.

bezahlen

Prošu, płaćić!
bitte(-ich), zahlen
Zahlen, bitte!

Ja bych rady płaćił/płaćiła.
ich würde gern[U] gezahlt[m/w]
Ich[m/w] würde gern zahlen.

Tu je zmylk w zličbowance.
hier ist Irrtum in Rechnung[6]
Hier ist ein Fehler in der Rechnung.

Je Wam słodźało?
ist(-es) euch[3] geschmeckt[s]
Hat es Ihnen geschmeckt?

Zbytk je za Was!
Rest ist für euch[4]
Der Rest ist für Sie!

Rauchen

Bei den Sorben ist das Rauchen allgemein nicht so verpönt und hat generell ein relativ hohes Prestige. Insbesondere in ländlichen Gegenden verbindet man den Glimmstängel mit einer gewissen Gemütlichkeit, die man sich auch nicht nehmen lassen möchte.

Kuriš (ty)?
Kuriš (ty)?
rauchst(-du) (du)
Rauchst du?

Kuriće (Wy)?
Kurišo (Wy)?
raucht(-ihr) (ihr)
Rauchen Sie?

Haj, kurju.
Jo, kurim.
ja, rauche(-ich)
Ja, ich rauche.

Ně, njekurju.
Ně, njekurim.
nein, nicht-rauche(-ich)
Nein, ich rauche nicht.

Das niedersorbische Wort für „Zigarre" beschreibt auf sehr schön bildliche Weise das „Qualmen" – **kurjawa** *heißt „Nebel".*

Maš/maće prošu popjelnik?
Maš/maśo pšosym popjelnick?
hast(-du)/habt(-ihr) bitte(-ich) Aschenbecher[4]
Hast du / Haben Sie bitte einen Aschenbecher?

Maš/maće raz płomjo?
Maš/maśo raz płomje?
hast(-du)/habt(-ihr) mal Flamme[4]
Hast du / haben Sie mal Feuer?

kurjak (m)	**kurjak** (m)	Raucher
njekurjak (m)	**njekurjak** (m)	Nichtraucher
cigareta (w)	**cigareta** (w)	Zigarette
cigara (w)	**cigara, kurjawka** (w)	Zigarre
tobak (m)	**tubak** (m)	Tabak
trubka (w)	**fejfa, dymawka** (w)	Tabakspfeife
popjelnik (m)	**popjelnik** (m)	Aschenbecher
płomj|o (s, **-enja**)	**płomje** (s, **-nja**)	Feuer, Flamme
dym (m)	**dym** (m)	Qualm
zapalka (w)	**zapalka** (w), **šwyrack** (m)	Streichholz
zapalić (v, 2a)	**zapališ** (v, 2a)	anzünden

Einkaufen

Vor allem in den ländlichen Gegenden der Oberlausitz (besonders in der Umgebung von Crostwitz) arbeiten in vielen Geschäften noch muttersprachliche Sorben.

Hdźe je tu we wsy pjekarnja/kofejownja?
wo ist hier in Dorf^{6} Bäckerei/Café
Źo dajo how we jsy pjakarnju/kafejownju?
wo gibt(-es) hier in Dorf^{6} Bäckerei^{4}/Café^{4}
Wo gibt es hier im Dorf ein(e) Bäckerei/Café?

Pytam wulki nakupowanski centrum.
Pytam wjeliki nakupowański centrum.
suche(-ich) großer^{m4} Einkaufs-$^{Eig\text{-}m4}$ Zentrum^{4}
Ich suche ein großes Einkaufszentrum.

Hdźe je tu konsum/wobchod?
Źo jo how konsum/loda?
wo ist hier Konsum/Geschäft
Wo gibt es hier einen Konsum/Geschäft?

In den Lausitzer Dörfern sagt man auch gern „Konsum", wenn man sich nach einem kleinen Geschäft erkundigt.

Hdźe předawaja žiwidła?
Źo pśedawaju žywidła?
wo verkaufen(-sie) Lebensmittel^{4}
Wo werden Lebensmittel verkauft?

drogerija (w)	**drogerija** (w)	Drogerie
kniharnja (w)	**knigłownja** (w)	Buchhandlung
črijowy wobchod (m)	**loda za crjeje** (m)	Schuhgeschäft
Schuh-$^{Eig\text{-}m}$ Geschäft	*Geschäft für Schuhe^{Mz4}*	

Maće ...? (+4)
Maśo ...? (+4)
habt(-ihr) ...
Haben Sie ...?

Trjebam ... (+4)
Trjebam ... (+4)
brauche(-ich) ...
Ich brauche ...

Ja bych rady měł/měła ... (+4)
ich würde gern[U] gehabt[m/w] ...
Ja by rad/rada měł/měła ... (+4)
ich würde gern[m/w] gehabt[m/w] ...
Ich[m/w] hätte gerne ...

Pytam ... (+4).
Pytam ... (+4).
suche(-ich) ...
Ich suche ...

Dajće mi ... (+4)
Dajśo mě ... (+4)
gebt! mir[3] ...
Geben Sie mir ...

Móžeće mi ... pokazać? (+4)
Móžośo mě ... pokazaś? (+4)
könnt(-ihr) mir[3] ... zeigen
Können Sie mir ... zeigen?

Ja wozmu ... (+4)
Ja wzejom ... (+4)
ich nehme(-ich) ...
Ich nehme ...

Trjebaće hišće titku?
Trjebaśo hyšći tutawku?
braucht(-ihr) noch Tüte[4]
Brauchen Sie noch eine Tüte?

Mengenangaben

kusk (m)	*Stück[4]*	Stück
kilogram (m)	*Kilogramm[4]*	Kilogramm
punt (m)	*Pfund*	Pfund
poł punta (m)	*halb Pfund[2]*	½ Pfund
połdra/połtera punta (m)	*eineinhalb Pfund[2]*	1 ½ Pfund
sto gramow/sto gramow	*Hundert Gramm[Mz2]*	100 Gramm
dwě sćě/sći gramow	*zwei[s] Hundert[Zz] Gramm[Mz2]*	200 Gramm

In den Lückensatz „Geben Sie mir ...“ können die Mengenbezeichnungen aus der folgenden Liste unverändert eingesetzt werden. Die Produkte selber werden jedoch im 2. Fall gebeugt.

Kelko dyrbi być? *wieviel soll(-es) sein* **Wjele dej byś?** *viel soll(-es) sein* Wie viel darf es sein?

Něhdźe sto gramow. **Něźi sto gramow.** *irgendwo Hundert Gramm^Mz2* Etwa 100 Gramm.

Kleidung

Pytam něšto za dźěći / moju dźowku / mojeho syna.
Pytam něco za źiśi / móju źowku / mójogo syna.
suche(-ich) etwas^4 für Kinder^4 / meine^w4 Tochter^4 / mein^m-bel4 Sohn^4
Ich suche etwas für Kinder / meine Tochter / meinen Sohn.

Farben & Muster

čerwjeny	**cerwjeny**	rot
módry	**módry**	blau
žołty	**žołty**	gelb
zeleny	**zeleny**	grün
bruny	**bruny**	braun
čorny	**carny**	schwarz
běły	**běły**	weiß
šěry	**šery**	grau
swětły	**swětły**	hell
ćěmny	**śamny**	dunkel
lila	**lila**	lila
róžowy	**rožowy**	rosa
oranžowy	**oranžowy**	orange
smuhojty	**smugaty**	gestreift
kašćikaty	**karěrowany**	kariert

To so mi spodoba.
To se mě spódoba.
dieses sich mir[3] gefällt
Das gefällt mir.

Dyrbju to zapakować?
Dejm to zapakowaś?
soll(-ich) dieses[4] einpacken
Soll ich das einpacken?

To wozmu.
To wzejom.
dieses[4] nehme(-ich)
Das nehme ich.

Trjebaće hišće něšto?
Trjebaśo hyšći něco?
braucht(-ihr) noch etwas[4]
Brauchen Sie noch etwas?

Kelko to płaći?
wieviel dieses kostet
Wjele to kóštujo?
viel dieses kostet
Wie viel kostet das?

Pjeć/dźesać Euro.
Pěś/źaseś Euro.
fünf/zehn Euro
Fünf/zehn Euro.

Souvenirs

Pytam hišće mału dopomnjenku.
Pytam hyšći mału dopomnjeńku.
suche(-ich) noch kleine[w4] Andenken[4]
Ich suche noch ein kleines Andenken.

Maće tam něšto?
Maśo tam něco?
habt(-ihr) dort etwas[4]
Was haben Sie da so?

Im Cottbuser Hauptbahnhof **(Chóśebuske Głowne Dwórnišćo)** gibt es ein Geschäft, das ausschließlich Spreewälder Produkte anbietet und auch im Spreewald (um das Dorf Burg) finden sich zahlreiche kleine Geschäfte mit „nostalgischen“ sorbischen Produkten und Souvenirs - von Sammlungen sorbischer Sagen (z. T. in sorbischer Sprache) bis hin zu Bierkrügen mit Lausitzer Motiven findet man hier so ziemlich alles.

piwowy karan (m) *Bier-Eig-m Krug*	**piwowy kružk** (m)	Bierkrug
sněhowa kulka (w) *Schnee-Eig-w Kugel*	**sněgowa kulka** (w)	Schneekugel
Błótowske kórki (w Mz) *Spreewald-Eig-wMz Gurken*	**Błośańske górki** (w Mz)	Spreewälder Gurken
Budyski žonop (m) *Bautzenerm Senf*	**Budyšyński žonop** (m)	Bautzener Senf
sadowy liker (m) *Obst-Eig-m Likör*	**sadowy liker** (m)	Fruchtlikör

Flirt & Liebe

Wenn Amors Pfeile getroffen haben, kann man auch auf Sorbisch Süßholz raspeln.

Ja mam će rady.
ich habe dich⁴ gern^U
Ja mam śi rad/rada.
ich habe dich⁴ gern^m/w
Ich^m/w habe dich gern.
(sagt Mann/Frau)

Ja mam će lubo.
Ja mam śi lubo.
ich habe dich⁴ lieb^U
Ich habe dich lieb.

Sym so do tebje zalubował/zalubowała.
Som se do tebje zalubował/zalubowała.
bin sich nach du² verliebt^m/w
Ich^m/w habe mich in dich verliebt.

Ja će lubuju.
Ja śi lubujom.
ich dich⁴ liebe
Ich liebe dich.

Wonaj staj hromadźe.
Wónej stej gromaźe.
sie^Zz sind^Zz zusammen
Die beiden sind zusammen.

Ty sy jara ... *du bist sehr ...*	**Ty sy wjelgin ...**	Du^m/w bist sehr ...
sympatiski/ sympatiska	**sympatiski/ sympatiska**	sympathisch
rjany/rjana	**rědny/rědna**	schön
pěkny/pěkna	**pěkny/pěkna**	hübsch, nett

Beachten Sie, dass Sie die weiblichen Formen nur bei weiblichen Personen und die männlichen nur bei männlichen Personen verwenden können.

Bei Liebeserklärungen werden gern Koseformen und Verniedlichungen verwandt. Hier einige schöne Komplimente.

Es kann übrigens sehr schmeichelhaft wirken, wenn Sie eine junge Frau mit **maruš(k)a** *(eigentlich ein den ländlichen Vorstellungen von Schönheit entsprechendes Bauernmädchen) und einen jungen Mann mit* **hólc/kjarl** *„Junge/Kerl" titulieren:* **rjana/rědna maruška** *„schöne Frau",* **rjany/rědny hólc/kjarl** *„schöner Mann".*

hołbicka (w)	**gołubjašk** (m)	Täubchen
rjanka (w)	**rědnučka** (Eig, w)	Schöne
lubčička (w), **lubka** (Eig, w)	**lubcycka** (w), **lubka** (Eig, w)	Schatz, Liebste
lubc (m), **lubki** (Eig, m)	**lubick**(m), **lubki** (Eig, m)	Schatz, Liebster

Ja chcu z tobu spać.
Ja com z tobu spaś.
ich will mit dir[5] schlafen
Ich will mit dir schlafen.

Bjerješ (tu) pilu?
Bjerjoš (tu) pilu?
nimmst (diese[w4]) Pille[4]
Nimmst du die Pille?

Maš kondomy sobu?
Maš kondomy sobu?
hast Kondome[4] dabei
Hast du Kondome dabei?

Mam swoje dny.
Mam swóje dny.
habe eigene[Mz-m4] Tage[4]
Ich habe meine Tage.

Ja nochcu z tobu spać!
Ja njocom z tobu spaś!
ich nicht-will(-ich) mit dir[5] schlafen
Ich will nicht mit dir schlafen!

Dźi preč!
Źi pšec!
geh! weg
Geh weg!

Fotografieren

Wenn Sie einen besonders schönen Bauernhof oder eine Sorbin in einer hübschen Tracht fotografieren möchten, sollten Sie in jedem Fall erst um Erlaubnis fragen. Gerade ältere Sorben sind manchmal ein bisschen misstrauisch. Erklären Sie deshalb am besten immer auch, wer Sie sind, damit man Sie richtig einordnen kann.

Směm tu (z błyskom) fotografować/ wotmolować?
Smějom how (z błyskom) fotografěrowaś/ wótmólowaś?
darf(-ich) hier (mit Blitz[5]) fotografieren/abmalen
Darf ich hier mit Blitz fotografieren?

In Kirchen oder Museen ist das Fotografieren in der Regel nicht oder nur gegen einen kleinen Aufpreis möglich.

Ja bych Was rady zwotmolował/-a.
ich würde euch[4] gern[U] abgemalt[m/w]
Ja by Was rad/rada zwótmólował/-a.
ich würde euch[4] gern[m/w] abgemalt[m/w]
Ich[m/w] würde gerne ein Foto von Ihnen machen.

baterija (w)	**baterija** (w)	Batterie
fotobłysk (m)	**fotobłysk** (m)	Blitzlicht
digitalna kamera (w) *digitale[w] Kamera*	**digitalna kamera** (w)	Digitalkamera
film wuwić (v, 3a)/ **wuwiwać** (uv, 1a) *Film[4] entwickeln[v/uv]*	**film wuwiś** (v, 3b)/ **wuwijaś** (uv, 1a)	Film entwickeln
filmować (uv, 3a)	**filmowaś** (uv, 3b)	filmen
fotoaparat (m)	**fotoaparat** (m)	Fotoapparat
foto (s)	**foto** (s)	Foto
obkjektiw (m)	**objektiw** (m)	Objektiv
statiw (m)	**statiw** (m)	Stativ
składowanska kartka (w)	**składowańska kórtka** (w)	Speicherkarte

Pósćelu Wam foto.
Pósćelom Wam foto.
schicken-werde(-ich) euch[3] Foto[4]
Ich werde Ihnen ein Foto schicken!

Sym turist/-ka.
Som turist/-ka.
bin Tourist/-in
Ich bin Tourist/ Touristin.

Móžeš/móžeće, prošu, foto wote mnje/ wot nas třělić?
Móžoš/móžośo, pšosym, foto wóte mnjo/ wót nas stśěliś?
kannst(-du)/könnt(-ihr) bitte(-ich) Foto⁴ von mir² / von uns² schießen
Kannst du/Können Sie bitte ein Foto von mir/uns schießen?

Post, Telefon & Internet

In der Lausitz gibt es noch keine **serbski póst/serbski post.** Auf der Post, wie auf allen Ämtern wird in der Regel Deutsch gesprochen. Es ist dennoch nicht verkehrt, wenn man einige sorbische Floskeln parat hat.

Hdźe je najbliši póstowy amt?
Źo jo nejblišy póstowy amt?
wo ist nächster[m] Post-[Eig-m] Amt
Wo ist das nächste Postamt?

Post

Häufig finden Sie vor allem auf den Dörfern kleinere Poststellen, in die noch ein anderes Geschäft (z. B. Blumen- oder Handarbeitsgeschäft) eingegliedert ist. Zur „normalen" Post gibt es in der Lausitz noch die so genannte „Blaue Post". Diese verschickt Briefe, die nur für den näheren Umkreis bestimmt sind, etwas günstiger. Die Blaue Post erkennen Sie an den blauen Postkästen. Ob Ihr Brief in den entsprechenden Postleitzahlenbereich fällt, steht jeweils an den Blauen Postkästen. Und wenn's nicht passt, die „Gelbe Post" nimmt's immer!

Jednu listowu znamku za Němsku/Awstrisku/Šwicarsku!
Jadnu listowu znamku za Nimsku/Awstrisku/Šwicarsku!
eine[w4] Brief-[Eig-w4] Marke[4] für Deutschland[Eig-w4]/Österreich[Eig-w4]/Schweiz[Eig-w4]
Eine Briefmarke für Deutschland/Österreich/die Schweiz!

adresat (m)	**adresat** (m)	Adressat
adresa (w)	**adresa** (w)	Adresse
wotpósłar (m, **-ja**)	**wótpósłaŕ** (m)	Absender
pohladnica (w)	**póglědnica** (w)	Ansichtskarte
list (m)	**list** (m)	Brief
list wotpósłać (v, 3a) *Brief[4] abschicken*	**list wótpósłaś** (v, 3b)	Brief verschicken
listowa znamka (w) *Brief-[Eig-w] Marke*	**listowa znamka** (w)	Briefmarke
listowa wobalka (w) *Brief-[Eig-w] Umschlag*	**listowa wobalka** (w)	Briefumschlag
postowa ličba (w) *Post-[Eig-w] Zahl*	**postowa licba** (w)	Postleitzahl
listowy kašćik (m)	**listowy kašćik** (m)	Briefkasten
módry póst (m)	**módry post** (m)	Blaue Post

telefonieren

Telefonzellen findet man nur noch sehr vereinzelt. In den Städten gibt es sogar manche, die noch mit DM „gefüttert" werden können!

Der Netzempfang für Mobiltelefone ist vor allem in den ländlichen Gebieten der Lausitz schlecht.

Móžu tu telefonować?
Móžom how telefoněrowaś?
kann(-ich) hier telefonieren
Kann ich hier telefonieren?

Hdźe je najbliša telefonowa budka?
Źo jo nejbliša telefonowa budka?
wo ist nächste[w] Telefon-[Eig-w] Bude
Wo ist die nächste Telefonzelle?

telefonat (m)	**telefonat** (m)	Anruf
zawołać (v, 1a) **na ...** (+4) *anrufen auf ...*	**zazwóniś** (v, 2a) **na ...** (+4)	anrufen (jem.)
handy (m, **-ja**)	**handy** (m, **-ja**)	Handy
telefon (m)	**telefon** (m)	Telefon
telefonowa kniha (w) *Telefon-[Eig-w] Buch[w]*	**telefonowe knigły** (Mz) *Telefon-[Eig-Mz] Bücher[Mz]*	Telefonbuch
telefonować (uv, 3a)	**telefoněrowaś** (uv, 3b)	telefonieren
telefonat (m)	**telefonat** (m)	Telefonat
telefonowa kartka (w) *Telefon-[Eig-w] Kärtchen*	**telefonowa kórtka** (w)	Telefonkarte
předwólba (w)	**pśedwólenje** (s)	Vorwahl

Štó tam rěči?
Chto tam powěda?
wer dort spricht
Wer spricht dort?

Z kim rěču?
Z kim powědam?
mit wer[5] spreche(-ich)
Mit wem spreche ich?

Móžu snadź z ... rěčeć? (+5)
Móžom snaź z ... powědaś? (+5)
kann(-ich) vielleicht mit ... sprechen
Könnte ich mit ... sprechen?

Moment!
Moment!
Moment[4]
Moment!

Ně, wón/wona tu njeje.
nein, er/sie hier nicht-ist
Ně, wón/wóna njejo how.
nein, er/sie nicht-ist hier
Nein, er/sie ist nicht da.

Wón/wona je tu.
Wón/wóna jo how.
er/sie ist hier
Er/sie ist da.

Sorben melden sich meistens auf Deutsch am Telefon, schalten aber sehr schnell um, wenn sie auf Sorbisch angesprochen werden.

Tam sće wopačny/wopačna!
dort seid(-ihr) falsch$^{m/w}$
Tam sćo wopacne!
dort seid(-ihr) falsch^{Mz}
Falsch verbunden! *(zum Mann/zur Frau)*

Spytam pozdźej hišće raz.
Wopytajom pózdźej hyšći raz.
versuche(-ich) später noch Mal^{4}
Ich probiere es später nochmal.

Powědźće jemu/jej, zo sym zawołał/zawołała.
Grońśo jomu/jej, až som zazwónił/zazwóniła.
sagt(-ihr) ihm^{3}*/ihr*^{3} *dass bin angerufen*$^{m/w}$
Sagen Sie ihm/ihr, dass ich$^{m/w}$ angerufen habe.

Móže wón/wona na mnje snadź wróćo zawołać?
Móžo wón/wóna na mnjo snaź slědk zazwóniś?
kann er/sie auf mich^{4} *vielleicht zurück anrufen*
Könnte er/sie mich vielleicht zurückrufen?

Daj/Dajće mi swoje telefonowe čisło!
Daj/Dajśo mě swójo telefonowe cysło!
gib!/gebt! mir^{3}*, eigenes*^{s4} *Telefon-*$^{Eig\text{-}s4}$ *Nummer*^{4}
Gib/Geben Sie mir deine/Ihre Telefonnummer!

Moje telefonowe čisło je ...
Mójo telefonowe cysło jo ...
mein^{s} Telefon-$^{Eig\text{-}s}$ Nummer ist ...
Meine Telefonnummer ist ...

Wodajće prošu, sym wopačne čisło wolił/woliła.
Wódajśo pšosym, som wopacne cysło wólił/wóliła.
entschuldigt! bitte(-ich), bin falsches^{s4} Nummer^{4} gewählt$^{m/w}$
Entschuldigung bitte, ich$^{m/w}$ habe mich verwählt.

Internet

Die besten Ideen der Wettbewerber für Begriffe rund um das Thema wurden mit kleinen Preisen für die entsprechenden Ideenstifter belohnt. Allerdings sind sie nach wie vor nicht verbindlich.

Viele Begriffe rund um Internet und World Wide Web sind im Sorbischen noch sehr jung. Sie wurden auf sehr unterschiedlichem Wege gefunden – einerseits über die sorbischen (nieder- und obersorbischen) Sprachkommissionen, andererseits hatte die obersorbische Tageszeitung **Serbske Nowiny** ihre Leser dazu aufgerufen, Vorschläge zu unterbreiten.

Móžu tu do interneta hić?
Móžom how do interneta hyś?
kann(-ich) hier nach Internet^{2} gehen
Kann ich hier ins Internet gehen?

Dyrbju e-mail wotpósłać.
Musym e-mail wótpósłaś.
muss(-ich) E-Mail^{4} abschicken
Ich muss eine E-Mail verschicken.

w syći być *in Netz[6] sein*	**w seśi byś**	online sein
należnosć (w)	**nastupanje** (s)	Betreff
dźěłanski system (m) *Arbeits-[Eig-m] System*	**źěłański system** (m)	Betriebssystem
chatować (uv, 3a)	**chatowaś** (uv, 3b)	chatten
computer (m)	**computer** (m)	Computer
dataja (w)	**dataja** (w)	Datei
e-mail (m)	**e-mail** (m)	E-Mail
mailowa adresa (w) *Mail-[Eig-w] Adresse*	**mailowa adresa** (w)	E-Mail-Adresse
e-mail pósłać (v, 3a) *E-Mail[4] senden*	**e-mail pósłaś** (v, 3b) *E-Mail[4] senden*	E-Mail senden
forum (m)	**forum** (m)	Forum
googlować (uv, 3a)	**googlowaś** (uv, 3b)	googlen
hłowna strona (w) *Kopf-[Eig-w] Seite*	**głowna strona** (w)	Hauptseite
internetowa strona (w) *Internet-[Eig-w] Seite*	**internetowa strona** (w)	Internetseite
link (m)	**link** (m)	Link
powěsć (w)	**powěsć** (w)	Nachricht
newsletter (m) **aboněrować** (uv, 3a) *Newsletter[4] abonnieren[uv]*	**newsletter** (m) **aboněrowaś** (uv, 3b) *Newsletter[4] abonnieren[uv]*	Newsletter abonnieren
online-formular (m) **wupołnić** (v, 2a) *Online-Formular[4] ausfüllen[v]*	**online-formular** (m) **wupołniś** (v, 2a)	Online- Formular ausfüllen
wotzjewić so (v, 2a) *abmelden[v] sich*	**wótzjawiś se** (v, 2a)	sich abmelden
pytanje (s)	**pytanje** (s)	Suche
pytać (uv, 1a)	**pytaś** (uv, 1a)	suchen
internet-café (m)	**internet-café** (m)	Internet-Café
flatrate (w)	**flatrate** (w)	Flatrate

Bych rady swoje e-maile wotwołał/wotwołała.
würde(-ich) gern^{U} *eigene*^{Mz4} *E-Mails*^{4} *abgerufen*$^{m/w}$
Ja by rad/rada swóje e-maile wótwołał/-a.
ich würde gerne$^{m/w}$ *eigene*^{Mz4} *E-Mails*^{4} *abgerufen*$^{m/w}$
Ich$^{m/w}$ möchte meine E-Mails abrufen.
(sagt Mann/Frau)

Computer je so powalił.
Computer jo se wowalił.
Computer ist sich umgestürzt^{m}
Der Computer ist abgestürzt.

Bank & Geld

In Banken ist es nahezu ausgeschlossen, Sorbisch zu sprechen. Dennoch sind manche Geldinstitute in der Lausitz zweisprachig ausgeschrieben: **Lutowarnja/žarjabnica** ist die Sparkasse. Die Währungsbezeichnung **euro** / **euro** ist nicht beugbar.

euro (m), **euro** (m)	Euro
šwicarske franki (Mz) **šwicarske franki** (Mz)	Schweizer Franken

Hdźe je najbliši bankowy automat?
Źo jo nejblišy bankowy automat?
wo ist nächster^{m} *Bank-*$^{Eig\text{-}m}$ *Automat*
Wo ist/steht der nächste Bankautomat?

Krank sein

Beim Arzt verständigt man sich natürlich – wie in allen anderen „offiziellen“ Situationen auch – nicht auf Sorbisch.

Njewjedu so derje!
nicht-führe(-ich) sich gut[U]
Mě se njejźo derje!
mir[3] *sich nicht-geht gut*[U]
Es geht mir nicht gut.

Mam brjušebolenje.
habe Bauchschmerz[4]
Mam ból w brjuchu.
habe Schmerz[4] *in Bauch*[6]
Ich habe Bauchschmerzen.

Mam hłowybolenje.
Mam głowybólenje.
habe(-ich) Kopfschmerz[4]
Ich habe Kopfschmerzen.

Mi ta hłowa boli.
Mě ta głowa bóli.
mir[3] *diese*[w] *Kopf schmerzt*

Mi je ćopło/zyma.
Mě jo śopło/zyma.
mir[3] *ist warm*[U]*/Kälte*
Mir ist warm/kalt.

Mi je zlě.
Mě jo zlě.
mir[3] *ist schlecht*[U]
Mir ist schlecht/übel.

Mam zymicu.
Mam zymnicu.
habe(-ich) Fieber[4]
Ich habe Fieber.

Sym samodruha.
Som samodruga.
bin selbst-andere[w]
Ich bin schwanger.

Hdźe boli?
Źo bóli?
wo schmerzt(-es)
Wo tut es weh?

Mi boli …
Mě bóli …
mir schmerzt …
Mir tut … weh.

In den Lückensatz „Mir tut … weh“ können Sie alle sinnvollen Wörter aus der folgenden Liste (ungebeugt) einsetzen. Weil viele Körperteile „doppelt“ vorkommen, wird statt der Mehrzahl oft die Zweizahl verwendet.

der Körper

hłowa (w)	**głowa** (w)	Kopf
włosy (Mz)	**włose** (Mz)	Haare
woko (s)	**woko** (s)	Auge
wucho (s)	**wucho** (s)	Ohr
nós (m, **nosa**)	**nos** (m)	Nase
lico (s)	**lico** (s)	Wange
čoło (s)	**coło** (s)	Stirn
broda (w)	**pódguba** (w)	Kinn
šija (w)	**šyja** (w)	Hals
hrudź (w)	**gruź** (w)	Brust (allg.)
nadro (s)	**nadro** (s)	Brust (weibl.)
ramj|o (s, **-enja**)	**ramje** (s, **-nja**)	Schulter
brjuch (m)	**brjuch** (m)	Bauch
pupk (m)	**pupk** (m)	Bauchnabel
ruka (w)	**ruka** (w)	Hand
porst (m)	**palc** (m)	Finger
łochć (m)	**łokś** (m)	Ellbogen
ruka (w), **paža** (w)	**ruka** (w), **paža** (w)	(Ober-)Arm, Achsel
zadk (m)	**slědk** (w)	Po, Gesäß
chribjet (m)	**kśebjat** (m)	Rücken
wagina (w)	**wagina** (w)	Vagina
penis (m)	**penis** (m)	Penis
sćehno (s)	**sćagno** (s)	Oberschenkel
koleno (s)	**kóleno** (s)	Knie
bristwo (s)	**brjuško** (s)	Wade
kulka (w)	**glozonk** (m)	Knöchel
pjata (w)	**pěta** (w)	Ferse
palc (m)	**palc** (m)	Zehe
nochć (m)	**nokś** (m)	Fingernagel
palcowy nochć (m)	**palcowy nokś** (m)	Zehennagel
Zeh-$^{\text{Eig-m}}$ *Nagel*		

Hdźe namakam dobreho ...? (+4)
Źo namakajom dobrego ...? (+4)
wo finde(-ich) guter^{4} *...*
Wo finde ich hier einen guten ...?

Die Wörter der folgenden Liste sind bereits im 4. Fall gebeugt.

lěkarja	**gójca**	Arzt
powšitkowneho lěkarja	**powšyknego gójca**	Allgemein-arzt
allgemeiner^{m4} *Arzt*^{4}		
zubneho lěkarja	**zubnego gójca**	Zahnarzt
Zahn-$^{Eig\text{-}m4}$ *Arzt*^{4}		

Sym alergiski/alergiska přećiwo ... (+3)
Som alergiski/alergiska pśeśiwo ... (+3)
bin allergisch$^{m/w}$ *gegen ...*
Ich$^{m/w}$ bin allergisch gegen ...

Hdźe je aptejka? — **Źo dajo aptejku?**
wo ist Apotheke — *wo gibt(-es) Apotheke*^{4}
Wo gibt es hier eine Apotheke?

Toilette & Co.

Überall in der Lausitz werden Sie moderne WC's vorfinden. Hier und da gibt es auch noch Plumpsklos, aber niemand wird Sie als Gast auffordern, diese zu benutzen.

damy (Mz)	**damy** (Mz)	Damen
kněža (Mz)	**kněža** (Mz)	Herren
trěnje (s)	**hantwal** (m)	Handtuch
mydło (s)	**zejpa** (w)	Seife
toaletowa papjera (w)	**toaletowa papjera** (w)	Toiletten-papier
Toiletten-$^{Eig\text{-}w}$ *Papier*^{w}		

Hdźe je twoja/Waša toaleta?
Źo jo twója/Waša toaleta?
wo ist deine^{w}*/eure*^{w} *Toilette*
Wo ist deine/Ihre Toilette?

Hdźe móžu sebi ruce myć?
Źo móžom sebje ruce myś?
wo kann(-ich) sich^{3} *Hände*^{Zz4} *waschen*
Wo kann ich mir die Hände waschen?

Bych sebi rady ruce mył/myła.
würde(-ich) sich^{3} *gern*^{U} *Hände*^{Zz4} *gewaschen*$^{m/w}$
By sebje rad/rada ruce mył/myła.
würde sich^{3} *gern*$^{m/w}$ *Hände*^{Zz4} *gewaschen*$^{m/w}$
Ich$^{m/w}$ würde mir gern die Hände waschen.

Schimpfen & Fluchen

Die Sorben verwenden gerne auch einen derben Wortschatz. Die folgenden Kraftausdrücke und Beschimpfungen sollten Sie jedoch besser nicht selbst ausprobieren. Es reicht, wenn Sie sie verstehen.

Flüche

Rostejće, čert a hela!
Unheil, Teufel und Hölle
Njedra teke!
Unheil[2] auch
Verdammt noch mal!

Jězuso Maria!
Jesus[7] Maria
Jezus Maria!
Jesus Maria
Donnerwetter!, Mist!

Zaklate, poklate!
verfluchtes[s], gefluchtes[s]
Dunda, chart a šlach!
Donner, Windhund und Teufel
Himmel, Arsch und Wolkenbruch!

Taki kał!
solcher[m] Kohl
Zaklěty njerěch!
verfluchter[m] Unrat
So eine Scheiße!

Howno! / Do rće!
Gowno! / Do riśi!
Mist / nach Arsch[2]
Mist! / Das ist für den Arsch!

beschimpfen & beleidigen

Lěz mi do rće!
kriech! mir[3] nach Arsch[2]
Wobliž móju riś!
beleck! meine[w4] Arsch[4]
Leck mich am Arsch!

Zmiń so! / Dźi preč!
verschwinde! sich / geh! weg
Tšachni! / Wupóraj se!
ängstige! / wegmach! sich
Verpiss dich!

Móžeš mi na pěc lězć!
kannst(-du) mir^{3} auf Ofen^{4} kriechen
Móžoš mě kapsu pótśěsć!
kannst(-du) mir^{3} Hosentasche^{4} schütteln
Du kannst mir den Buckel runterrutschen!

Daj mi na pokoj!
Daj mě na pokoj!
gib! mich^{4} auf Ruhe^{4}
Lass mich in Ruhe!

Daj mi pokoj!
Daj mě pokoj!
gib! mir^{3} Ruhe^{4}
Lass mich in Ruhe!

Tul hubu!
schmieg! Mund^{4}
Źarž blabu!
halt! Klappe^{4}
Halt die Schnauze!

Ty rančisko!
du Sau
Ty stara rampa!
du alte^{w} Sau
Du alte Sau! *(zur Frau)*

Šlundrija! / **Šrofawa!**
Schlampe / ruchloses-Frauenzimmer
Šlundrawa! / **Šlumpawa!**
Schlampe / Schlampliese
Schlampe! *(zur Frau)*

Hłupak! / **Hans!** / **Pjenk!**
Dummkopf / Hans / Baumstumpf
Głupak! / **Głupjeńc!**
Dummkopf / Dümmling
Dummkopf! / Volltrottel! *(zum Mann)*

Njekničomnik!
Njeknicomnik!
nichts-zu-nichts-Mann
Taugenichts!, Hurensohn! *(zum Mann)*

Literaturhinweise

Wer noch mehr wissen und weiterlernen möchte, findet hier „Lesefutter“.

Wörterbücher

Die hier genannten Bücher/Schriften sind nicht über den Reise Know-How-Verlag Peter Rump erhältlich.

- **Völkel, Pawoł: Obersorbisch-Deutsches Wörterbuch.** Domowina-Verlag, 5. Aufl. 2005
- **Jentsch, Helmut** (u. a.): **Deutsch-Obersorbisches Wörterbuch.** Domowina-Verlag, 1. Aufl. 1989
- **Starosta, Manfred: Niedersorbisch-Deutsches Wörterbuch.** Domowina-Verlag, 1. Aufl. 1999
- **Pětš Janaš: Deutsch-Niedersorbisches Wörterbuch.** Domowina-Verlag, 1. Aufl., 1990

Sprachkurse

- **Šołćina, Jana; Wornar, Edward: Obersorbisch im Selbststudium.** Domowina-Verlag, 2. Aufl. 2002
- **Starosta, Manfred: Niedersorbisch schnell und intensiv.** Domowina-Verlag, 1. Auflage 1991/1992

Internet

- **www.domowina-verlag.de**
(einziger sorbischer Verlag)
- **www.sorben.de**
- **www.niedersorbisch.info**
(Online Wörterbuch Deutsch – Niedersorbisch)

Wörterliste Deutsch – Obersorbisch

B*ei* **Hauptwörtern** *(Substantiven) ist das grammatische Geschlecht immer angegeben. Wenn in Klammern die Endung des 2. Falls angegeben wird, wird dieses unregelmäßig gebeugt. Die Endung des 2. Falls gibt dann Aufschluss über die Beugung. Sie ersetzt die Endung des 1. Falls, die hier durch einen senkrechten Strich im Wort abgetrennt ist. Wenn ein Hauptwort nur in der Mehrzahl gebräuchlich ist, ist dies durch „Mz“ gekennzeichnet.*

Bei **Verben** *(Tätigkeitswörtern) ist die Beugungsklasse immer angegeben. Ein mit * markiertes Verb wird unregelmäßig gebeugt. Für obersorbische Verben ist in diesem Fall nur die Endung der die 1. und 2. Person Einzahl („ich, du“) und für niedersorbische Verben die der 1. Person Einzahl („ich“) und 3. Person Mehrzahl („sie“) in Klammern angegeben. Die Endung ersetzt die Verbendung, die nach dem senkrechten Strich im Verb steht. Bei sehr kurzen Wörtern ist das vollständig gebeugte Wort angegeben. Bei den meisten unregelmäßigen Verben ist zusätzlich auch die Beugungsklasse angegeben, nach der das entsprechende Verb nach einer geringfügigen Änderung des Stammauslautes gebeugt wird. Wenn sich der unregelmäßigen Beugung selbst nach Änderung des Stammauslautes kein Beugungsschema zuordnen lässt, so sind alle Einzahl- und Mehrzahlformen angegeben.*

Wenn die **ł-Form** *unregelmäßig gebildet wird, ist die jeweils männliche Form ebenfalls in runden Klammern angeführt. Bei Verben wird zunächst die vollendete und nach dem Schrägstrich die unvollendete Variante angegeben. Die am häufigsten verwendete Variante ist unterstrichen.*

Bei **Verhältniswörtern** *(Präpositionen) wird der geforderte grammatische Fall, wie folgt angegeben: „(+4)“ verlangt z. B., dass das nachfolgende Hauptwort im 4 Fall gebeugt werden muss. Einige Verhältniswörter können je nach Bedeutung auch verschiedene Fälle verlangen.*

A

ab (Ort/Zeit) **wot** (+2)
abbiegen <u>**wotbočić**</u> (2a)/ **wotbočować** (3a)
Abend **wječor** (m)
Abendessen **wječer** (w, **-je**)

abends **wječor**
aber **ale**
aber (nachgestellt) **pak**
abholen **hić*** (uv, 3a) (**du, dźeš**) (**šoł**) **po** (+4)
abnehmen (Gewicht) **woteb|rać*** (3a) (**-jeru, jerješ**)/**woteběrać** (1a)
Abneigung **wotchilnosć** (w)
abreisen **wotjě|ć*** (3a) (**-du, -dźeš**)/**wotjězdźować** (3a)
absagen **wotprajić** (2a)/ **wotprajeć** (1b)
abschleppen **wotwle|c*** (3a) (**-ku, -češ**) (**-kł**)/ **wotwlekować** (3a)
Abschleppseil **wotwlečenski powjaz** (m)
absichtlich **z wotpohladom**
abspülen **wotpłokać** (1a)/ **wotpłokować** (3a)
Abteilung **wotdźělenje** (s)
achten auf **dźiwać na** (uv, 1a) (+4)
Achtung! **Kedźbu!**
Adresse **adresa** (w)
ähneln **podobny być* na** (+4) (uv)
Alkohol **alkohol** (m)
alle (Ding) **wšitke**
alle (Person) **wšitcy** (m Pers), **wšitke** (sonst)
allein **sam**/**sama** (m/w)
allergisch **alergiski**
alles **wšitko, wšo**
allgemein **powšitkowny**
als (Vergleich) **hač, dyžli**
als (zeitl.) **hdyž, jako**
also **potajkim, tuž**
alt (nicht jung/neu) **stary**
Alter (Lebens-) **staroba** (w)
Alternative **alternatiwa** (w)
altmodisch **zastarski, staromódny**
Altstadt **stare město** (s)
Ampel **ampla** (w)
an (wo?) **při** (+6), **na** (+6)
an (wohin?) **k** (+3), **za** (+4)
anbieten (z. B. Essen) **poskićić** (2a)/**poskićeć** (1b)
anbieten (Verkauf) **poskićować** (uv, 3a)
Andenken **dopomnjenka** (w)
anderer (nicht derselbe) **druhi**
anderer (andersartig) **hinaši**
anders **hinak**
Angebot **poskićenje** (s)
Angel **wuda** (w)
Angelegenheit **naležnosć** (w)
angeln **wuwudźić** (2a)/**wudźić** (2a)
angemessen **přiměrjeny**
angenehm **přijomny**
Angst **strach** (m)
anhalten **zasta|ć*** (3a) (**-nu, -nješ**)/**zastawać** (1a)
Anhalter fahren, per **z awtostopom jě|ć*** (3a) (**-du, -dźeš**)
Anhänger (Schmuck) **přiwěšk** (m)
Anhänger (Wagen) **připowěšak** (m)
Anker **kótwica** (w)
Anklage **wobskóržba** (w)
ankommen (zu Fuß) **při|ńć*** (3a) (**-ńdu, -ńdźeš**) (**-šoł**)/**přichadźeć** (1b)
ankommen (fahrend) **přijě|ć*** (3a) (**-du, -dźeš**)/ **přijězdźować** (3a)
Ankunft **přijězd** (m)
Anlasser **starter** (m)
annehmen **přij|eć*** (3a) (**-mu, -mješ**)/**přijimać** (1a)
anrufen, jmd. **zawołać** (1a)/**wołać** (1a) **na** (+4), **zatelefonować** (3a)/ **telefonować** (3a) **na** (+4)
anschauen, sich (etwas) **wobhladać sej** (1a)/ **wobhladować sej** (3a) (+4)
anschnallen, sich **připasać so** (1a)/**připasować so** (3a)
angeschnallt **připasany**
anstatt **město** (+2)
anstecken (Krankheit) **natyknyć** (3a)/**natykować** (3a)
anstehen (Schlange) **čakać** (uv, 1a)
anstelle von **město** (+2)
antik **antikski**
Antiquität **antikwita** (w)
Antrag **próstwa** (w)

Antwort **wotmołwa** (w)
antworten **wotmołwić** (2a)/ **wotmołwjeć** (1b)
anzeigen, jmd. **wobskoržić** (2a)/**wobskoržeć** (1b)
anziehen, sich (Kleidung) **woble|c so*** (3a) (**-ku, -češ**) (**-kł**)/**woblěkać so** (1a)
anziehen, sich (Schuhe, Kleidung) **wobu|ć so*** (3a) (**-ju, -ješ**)/**wobuwać so** (1a)
Apartment **apartment** (m)
Apotheke **aptejka** (w)
Arbeit **dźěło** (s)
arbeiten **dźěłać** (uv, 1a)
Arbeiter **dźěłaćer** (m, **-ja**)
Arbeiterin **dźěłaćerka** (w)
Arbeitgeber **dźěłodawar** (m, **-ja**)
arbeitslos **bjezdźěłny**
Architekt **architekt** (m)
Ärger **horjo** (s)
ärgern, jmd. **mjerzać** (uv, 1a), **rozhněwać** (1a)/ **hněwać** (1a)
ärgern, sich **mjerzać so** (uv, 1a), **rozhněwać so** (1a)/ **hněwać so** (1a)
argumentieren **argumentować** (uv, 3a)
arm **chudy**
Armband **narućnica** (w)
Armee **wójsko** (s)
Ärmel **rukaw** (m)
Art (Weise) **wašnje** (s)
Arzt **lěkar** (m, **-ja**)
Aschenbecher **popjelnik** (m)
Assistent **asistent** (m)
Assistentin **asistentka** (w)
Atem **dych** (m)
atmen **dychać** (uv, 1a)
auch **tež**
auf (wo?) **na** (+6)
auf (wohin?) **na** (+4)
auf jeden Fall **na kóždy pad**
aufbewahren **chować** (uv, 1a)
aufblasen **nadu|ć*** (3a) (**-ju, -ješ**)/**naduwać** (1a)
Aufenthalt **přebywanje** (s)
Aufführung **předstajenje** (s)
Aufgabe **nadawk** (m)
aufhalten, sich **přeb|yć*** (3a) (**-udu, -udźeš**)/ **přebywać** (1a)
aufheben (Boden) **zběhnyć** (3a)/**zběhać** (1a)
aufhören **přesta|ć*** (3a) (**-nu, -nješ**)/**přestawać** (1a)
Aufkleber **nalěpk** (m)
aufladen (Batterie) **napjelnić** (2a)/ **napjelnjować** (3a)
auflegen (Telefon) **napołožić** (v, 2a)
Aufmerksamkeit (Konzentration) **kedźbliwosć** (w)
aufregen, sich **rozhorić so** (2a)/**rozhorjeć so** (1b)
aufschreiben **napisać** (v, 1a)
aufstehen **stanyć** (3a)/ **stawać** (1a)
aufwachen **wotućić** (2a)/ **wotućeć** (1b)
aufwärmen, sich **wohrě|ć so*** (3a) (**-ju, -ješ**)/ **wohrěwać so** (1a)
aus **z** (+2)
Ausbildung **wukubłanje** (s)
Ausfahrt **wujězd** (m)
Ausfuhr **wuwoz** (m)
ausfüllen (Formular) **wupjelnić** (2a)/ **wupjelnjeć** (1b)
Ausgang **wuchod** (m)
ausgeben (Geld) **wuda|ć** (1a)/**wudawać** (1a)
ausgehen (Geld) **wu|ńć*** (3a) (**-ńdu, -ńdźeš**) (**-šoł**)/**wuchadźeć** (1b)
ausgenommen **nimo** (+2), **porno** (+2)
ausgezeichnet **wuběrny**
ausgraben **wury|ć*** (3a) (**-ju, -ješ**)/**wurywać** (1a)
auskennen, sich **wuzna|ć so*** (3a) (**-ju, -ješ**)/ **wuznawać so** (1a)
Auskunft **informacija** (w)
Ausland **wukraj** (m)
Ausländer **wukrajnik** (m)
Ausländerin **wukrajnica** (w)
ausländisch **wukrajny**
ausmachen (Licht) **hasnyć** (3a)/**hašeć** (1b)
Auspuff **wupuch** (m)
Ausrede **wurěč** (w)

ausreichend **dosć** (+2)
ausrutschen **wobsunyć so** (3a)/**wobsuwać so** (1a)
aussehen **wupadać** (uv, 1a)
außen **wonka**
außerdem **nimo toho**
außerhalb **zwonka** (+2)
äußerst **přejara**
Aussicht **wuhlad** (m)
Aussprache **wurěkowanje** (s)
aussprechen **wuprajić** (2a)/**wuprajeć** (1b)
aussteigen (allg.) **wustupić** (2a)/**wustupować** (3a)
aussteigen (Auto) **wulěz|ć*** (v, 3a) (**-u, -eš**) (**-ł**)
Ausstellung **wustajeńca** (w)
aussuchen **wupytać** (1a)/**wupytować** (3a)
Ausverkauf **wupředań** (w)
Ausweis **wupokaz** (m)
ausziehen, sich (Kleidung) **sle|c so*** (3a) (**-ku, -češ**)/**slěkać so** (1a)
ausziehen, sich (Schuhe, Kleidung) **zu|ć so*** (3a) (**-ju, -ješ**)/**zuwać so** (1a)
Auto **awto** (s)
Autobahn **awtodróha** (w)

B

Bach **rěčka** (w)
backen **napje|c*** (3a) (**-ku, -češ**)/**pje|c*** (3a) (**-ku, -češ**) (**-kł**)
Bäcker **pjekar** (m, **-ja**)
baden **wukupać so** (1a)/**kupać so** (1a)
Badewanne **kupanska wanja** (w)
Badezimmer **kupjelnja** (w)
Bahnhof **dwórnišćo** (s)
Bahnsteig **nastupišćo** (s)
Bakterie **bakterija** (w)
bald **bórze, skoro**
Ball (Spiel) **bul** (m)
Bandage **bandaža** (w)
Bank (Geld) **banka** (w)
Bank (Sitz-) **ławka** (w)
Bar **bara** (w)
Bargeld **hotowe pjenjezy** (Mz, **hotowych pjenjez**)
Bart **broda** (w)
Batterie **baterija** (w)
Bau **twar** (m)
Bauch **brjuch** (m)
bauen **natwarić** (2a)/**twarić** (2a)
Bauer **bur** (m)
Bauernhof **kubło** (s), **statok** (m)
Baum **štom** (m)
Baumwolle **bałma** (w)
Beamte, der **amtar** (m, **-ja**)
Beamte, die **amtarka** (w)
beantragen (etwas) **próstwu stajić** (2a)/**stajeć** (1b) **wo** (+4)
Becher **bónk** (m)
bedecken **pokry|ć*** (3a) (**-ju, -ješ**)/**pokrywać** (1a)
bedeckt (Wetter) **pokryte** (s)
bedeuten **woznamjenić** (2a)/**woznamjenjeć** (1b)
Bedürfnis **potrěbnosć** (w)
beeilen, sich **chwatać** (uv, 1a), **spěchać** (uv, 1a)
beenden **skónčić** (2a)/**kónčić** (2a)
befehlen **přikazać** (1a)/**přikazować** (3a)
beginnen **započ|eć*** (3a) (**-nu, -nješ**) (**-ał**)/**započinać** (1a), **poč|eć*** (3a) (**-nu, -nješ**) (**-ał**)/**počinać** (1a)
begleiten **přewodźić** (2a)/**přewodźować** (3a)
behalten **wobchować** (v, 1a)
behandeln (Wunde) **wulěkować** (3a)/**lěkować** (3a), **wuhojić** (2a)/**hojić** (2a)
behindert **zbrašeny**
Behörde **zarjad** (m)
bei **pola** (+2), **při** (+6)
beißen **kusnyć** (3a)/**kusać** (1a)
bekannt **znaty**
bekannt machen, sich **zeznajomić so** (2a)/**zeznajomjeć so** (1b)
Bekannte, der **znaty** (Eig, m)
Bekannte, die **znata** (Eig, w)
bekommen **dósta|ć*** (3a) (**-nu, -nješ**)/**dóstawać** (1a)
belästigen (jmd.) **wobćežować** (uv, 3a)

beleidigen **skřiwdźić** (2a)/ **křiwdźić** (2a)
beliebt **woblubowany**
bemühen, sich **prócować so** (uv, 3a)
benehmen, sich **zadźeržować so** (uv, 3a)
benutzen **wuži|ć*** (3a) (**-ju, ješ**)/**wužiwać** (1a)
Benzin **bencin** (m)
Benzinkanister **bencinowy kanister** (m)
beobachten **wobkedźbować** (uv, 3a)
bequem (Komfort) **komodny, přijomny**
berechnen **wobličić** (2a)/ **wobličeć** (1b)
Berg **hora** (w)
berichten **rozprawić** (2a)/ **rozprawjeć** (1b)
Beruf **powołanje** (s)
berühmt **sławny**
berühren (etwas) **dótknyć so** (3a)/**dótkać so** (1a) (+2)
beschädigen **wobškodźić** (2a)/**wobškodźeć** (1b)
beschäftigt sein **činić m|ěć*** (uv) (**-am, -aš, -a, -amy, -aće, -aja**)
beschreiben **wopisać** (1a)/ **wopisować** (3a)
Beschwerde **pohóršk** (m)
beschweren, sich **pohóršić so** (2a)/**hóršić so** (2a)
besetzt **wobsadźeny**
besichtigen **wobhladać sej** (1a)/**wobhladować sej** (3a)
Besitzer **wobsedźer** (m, **-ja**)
besonders **wosebje**
Besteck **grat** (m)
bestellen **skazać** (1a)/ **skazować** (3a)
Bestellung **skazanka** (w)
bestimmt (U) **zawěsće, wěsće**
bestrafen **pochłostać** (1a)/ **chłostać** (1a)
Besuch **wopyt** (m)
besuchen (jmd.) **wopytać** (1a)/**wopytować** (3a)
Besucher **wopytowar** (m, **-ja**)
Besucherin **wopytowarka** (w)
betäuben **pohłušić** (2a)/ **pohłušeć** (1b)
beten **modlić so** (uv, 2a)
betrügen **wobšudźić** (2a)/ **wobšudźeć** (1b)
betrunken **pjany, wopity**
Bett **łožo** (s)
Bettwäsche **poćehnjenje** (s)
Beule **kula** (w)
beurteilen **posudźić** (2a)/ **posudźować** (3a)
Bevölkerung **ludnosć** (w)
bevor **prjedy hač**
bewahren **wobchować** (v, 1a)
Beweis **dopokaz** (m)
bewölkt **pomróčene** (s), **zamróčene** (s)
bewusstlos **womorny, bjezwědomy**
bezahlen **zapłaćić** (2a)/ **płaćić** (2a)
Bibel **biblija** (w)
biegen **zhibnyć** (3a)/ **zhibować** (3a)
bieten **poskićić** (2a)/ **poskićować** (3a)
Bikini **bikini** (m, **-ja**)
Bild **wobraz** (m)
bilden (schaffen) **stworić** (2a)/**tworić** (2a)
billig **tuni**
Binde (Frau) (**žónski**) **přepask**
binden (fest-/an-) **přiwjazać** (1a)/**wjazać** (1a)
bis **hač do** (+2), **hač k** (+3), **hač na** (+4)
bisschen, ein **tróšku, trochu, kusk** (+2)
Bissen **kus** (m)
Bitte **próstwa** (w)
bitte **prošu**
bitten **prosyć** (uv, 2a)
bitter **hórki**
Blase (Wunde) **pucher** (m, **-ja**)
Blase (Harn-) **pucher** (m, **-ja**)
Blasebalg **měchawa** (w)
blasen **du|ć*** (uv, 3a) (**-ju, -ješ**)
blass **blědy**
Blatt (Baum) **łopjeno** (s)

Blatt (Papier) **łopjeno** (s)
Blättchen (Tabak) **papjerka** (w)
bleiben **wostać*** (3a) (**-nu, -nješ**)/**wostawać** (1a)
Bleistift **wołojnik** (m)
Blinddarm **slepe črjewo** (s)
Blinker **zyboladło** (s)
Blitz **błysk** (m)
blond (Pers.) **swětłowłosaty**
blond (Haarfarbe) **blond** (nicht beugbar)
Blume **kwětka** (w)
Blut **krej** (w)
Blutdruck **krejny ćišć** (m)
bluten **krawić** (uv, 2a)
Boden **zemja** (w)
Boot **čołm** (m)
böse **zły**
Botschaft (dipl.) **wulkopósłanstwo** (s)
Brand **woheń** (m, **-nja**)
braten **wopjec*** (3a) (**-ku, -češ**) (**-kł**)/**pjec*** (3a) (**-ku, -češ**) (**-kł**)
brauchen **trjebać** (uv, 1a)
Brauerei **piwarnja** (w)
brechen (kaputtgehen) **rozłamać so** (v, 1a)
breit **šěroki**
Bremse **spinadło** (s), **borzdźidło** (s)
bremsen **borzdźić** (uv, 2a)
brennen **palić so** (uv, 2a)
Brief **list** (m)
Briefkasten **listowy kašćik** (m)
Briefmarke **listowa znamka** (w)
Brille **nawoči** (Mz), **bryla** (w)
bringen **přinjesć*** (3a) (**-u, -eš**) (**-ł**)/**přinošeć** (1b)
Brot **chlěb** (m)
Bruch (med.) **złamk** (m)
Brücke **móst** (m, **mosta**)
Brunnen **studnja** (w)
Brust **hrudź** (w)
Brust (weibl.) **nadra** (Mz)
Buch **kniha** (w)
buchen **knihować** (uv, 3a), **skazać** (1a)/**kazać** (1a)
Büchsenöffner **wočinjak** (m) **za konserwy**
Buchstabe **pismik** (m)
buchstabieren **pismikować** (uv, 3a)
Bucht **zaliw** (m)
Buchung **knihowanje** (s)
Bügeleisen **žehlidło** (s)
bügeln **wužehlić** (2a)/**žehlić** (2a)
bunt **pisany, barbity**
Burg **hród** (m, **hroda**)
Bürger (Staats-) **staćan**
Bürgersteig **chódnik** (m)
Büro **běrow** (m)
Bürste **šćětka** (w)
Bus **bus** (m)

C

Café **kofejownja** (w)
campen **campingować** (uv, 3a)
Chance **šansa** (w)
Chef **šef** (m)
Chefin **šefina** (w)
Chemie **chemija** (w)
Chemiker **chemikar** (m, **-ja**)
Chirurg **chirurg** (m)
christlich **křesćanski**

D

da (Ort) **tam**
da (weil) **dokelž**
dabei (Bindewort) **při tym**
dabei **pódla**
Dach **třěcha** (w)
daher **tohodla**
damals **tehdy, tehdom**
damit **z tym**
damit (so dass) **zoby** (**+ ł**)
Dampf **para** (w)
danach **po tym, potom**
Dank **dźak** (m)
danke **dźakuju so**
danken **podźakować so** (3a)/**dźakować so**
dann **potom**
Darm **črjewo** (s)
darum **tohodla**
dass **zo**
dasselbe **to same** (s)
Datum **datum** (m)
Dauer **čas** (m)
dauern **trać*** (uv, 3a) (**-ju, -ješ**)
Daumen **palc** (m)
dazu **k tomu**
Decke (Bett) **přikryw** (m)

Decke (Zimmer) **wjerch** (m)
definitiv (U) **definitiwnje**
deftig **jaderny**
deklarieren **deklarować** (uv, 3a)
denken **myslić** (uv, 2a)
Denkmal **pomnik** (m)
deshalb **tohodla**
Deutsch **němčina** (w)
Deutsche, die **Němka** (w)
Deutsche, der **Němc** (m)
Deutschland **Němska** (Eig, w)
Diabetes **diabetis** (w)
Dialekt **naréč** (w)
Diät **dieta** (w)
dick **tołsty**
Dieb **paduch** (m)
Diebin **padušnica** (w)
dies **to**
Diesel **diesel** (m)
Ding **wěc** (w)
Diplom **diplom** (m)
direkt (U) **direktnje**
Direktor **direktor** (m)
Diskothek **diskoteka** (w)
doch (Bindewort) **ale, wšak**
doch (U) **tola**
Dokument **dokument** (m)
dolmetschen **tołmačić** (uv, 2a)
Dolmetscher **tołmačer** (m, **-ja**)
Dolmetscherin **tołmačerka** (w)
Donner **hrimanje** (s)
doppelt (U) **dwójce**
Doppelzimmer **stwa** (w) **z dwěmaj łožomaj**
Dorf **wjes** (w, **wsy**)
dort **tam**
dorthin **tam**
Dose **tyza** (w)
Dosenöffner **tyzkowy wočinjak** (m)
draußen **wonka**
drehen, sich **wobwjerć|eć so*** (2a) (**-u, -iš**)/**wjerć|eć so*** (2a) (**-u, -iš**)
dringend sein **chwatać** (uv, 1a)
drinnen **nutřka**
Droge **droga** (w)
Druck **ćišć** (m)
drucken **wućišć|eć*** (2a) (**-u, -iš**)/**ćišć|eć*** (2a) (**-u, -iš**)
drücken **tłóčić** (uv, 2a)
dumm **hłupy**
Düne **nawěw** (m)
dunkel **ćěmny**
dünn **ćeńki**
durch **přez** (+4)
Durchfall **běhawa** (w)
durchfallen **přepadnyć** (3a)/**přepadować** (3a)
Durchschnitt **přerězk** (m)
dürfen **smě|ć*** (uv) (**-m, -š, –, -my, -će, -dźa**)
Dürre **suchota** (w)
Durst **łačnosć** (w)
Durst haben **łačny być**
durstig **łačny**
Dusche **duša** (w)
duschen **wotdušować so** (3a)/**dušować so** (3a)
Dutzend **dwanatk** (m)

E

Ebene **runina** (w)
echt **prawy, ryzy** (nicht beugbar)
Ecke **róžk** (m)
egal **wšojedne**
eigen **swój, swójski**
eigentlich **poprawom**
Eigentum **swójstwo** (s)
eilig **chwatny**
Einbahnstraße **jednosměrowa dróha** (w)
einbrechen (Bank) **zadob|yć so*** (3a) (**-udu, -udźeš**)/**zadobywać se** (1a)
einbrechen (Eis) **přełamać so** (v, 1a)
Eindruck **zaćišć** (m)
einfach **jednory**
einfach (schlicht) **prosty**
Eingang **zachod** (m)
einige **někotre** (Mz), **někotři** (m Pers Mz)
einkaufen **nakupować** (uv, 3a)
Einkommen **dochody** (Mz)
einladen **přeprosyć** (2a)/**přeprosować** (3a))
Einladung **přeprošenje** (s)
einmal (**jedyn**) **raz**
einreisen **zapućować** (v/uv, 3a)

einschließen **zamknyć** (3a)/ **zamkać** (1a)
Einschreiben **zapisana posyłka** (w)
einsteigen (allg) **zastupić** (2a)/**zastupować** (3a)
einsteigen (Auto) **zalězić*** (v, 3a) (**-u, -eš**) (**-ł**)
Eintritt **zastup** (m)
Eintrittskarte **zastupny lisćik** (m)
einverstanden **přezjedny**
einwickeln **zawalić** (2a)/ **zawaleć** (1b)
Einwohner **wobydler** (m, **-ja**)
Einzelzimmer **stwa** (w) **za jednu wosobu**
einziger **jeničk**i
Eis (Wasser) **lód** (m, **loda**)
Eis (Speise-) **zmjerzlina** (w)
Eisen **železo**
Eiter **jětřenje** (s)
ekelig **grawoćiwy, wohidny**
elastisch **elastiski**
Elektriker **elektrikar** (m, **-ja**)
elektrisch **elektriski**
Elend **běda** (w)
Ellbogen **łochć** (m)
Empfang **přijeće** (s)
empfangen (Besuch) **powitać** (1a)/**witać** (1a)
Empfänger **přijimar** (m, **-ja**)
empfehlen (**do**)**poručić** (2a)/(**do**)**poručeć** (1b)
Ende **kónc** (m)
Energie **energija** (w)
eng **wuski**
Englisch **jendźelšćina** (w)
Enkelkind **wnuk** (m)
Enkel (-sohn) **wnuk** (m)
Enkel (-tochter) **wnučka** (w)
entfernen **wotstronić** (2a)/ **wotstronjeć** (1b)
Entfernung **zdalenosć** (w)
entkoffeiniert **bjez kofeina** (nicht beugbar)
Entschädigung **zarunanje** (s)
entscheiden, sich **rozsudźić so** (2a)/**rozsudźeć so** (1b)
entschuldigen, sich **zamołwić so** (2a)/ **zamołwjeć so** (1b)
Entschuldigung **zamołwjenje** (s)
entspannen, sich **wotpočnyć** (3a)/**wotpočować** (3a)
enttäuscht (**negatiwnje**) **přesłapjeny**
entweder ... oder **pak ... pak**
Entzündung **zahorjenje** (s)
Erde **zemja** (w)
Ereignis **podawk** (m)
erfahren **zhonić** (v, 2a)
Erfolg **wuspěch** (m)
Ergebnis **wuslědk** (m)
erhalten **dóstać*** (3a) (**-nu, -nješ**)/**dóstawać** (1a)
erhältlich **k dóstaćej** (nicht beugbar)
erholen, sich **wotpočnyć** (3a)/**wotpočować** (3a)
erinnern, sich **dopomnić so** (2a)/**dopominać so** (1a)
erkälten, sich **nazymnić so** (2a)/**nazymnjeć so** (1b), **zazymnić so** (2a)/ **zazymnjeć so** (1b)
erklären **rozjasnić** (2a)/ **rozjasnjować** (3a)
Erklärung **rozjasnjenje** (s)
erlauben **dowolić** (2a)/ **dowoleć** (1b)
Erlaubnis **dowolnosć** (w)
erreichen **docpěć*** (3a) (**-ju, -ješ**)/**docpěwać** (1a)
Ersatz **narunanje** (s)
Ersatzteil **narunanka** (w)
erst **hakle**
erstaunlich **wobdźiwanja hódny**
erste Hilfe **prěnja pomoc** (w)
erwachsen **dorosćeny**
erwarten **wočakować** (uv, 3a)
erzählen **powědać** (uv, 1a)
Erziehung **kubłanje** (s)
essen **jěsć** (uv) (**-m, -š**, –, **-my, -sće, -dźa**) (**-dł**)
Essen **jědź** (w)
Esszimmer **jědźernja** (w)
Etage **poschod** (m)
etwa **něhdźe**
etwas **něšto**
Europa **Europa** (w)
europäisch **europski**
Europäische Union **Europska Unija** (w)
Examen **eksamen** (m)
Experte **eksperta** (m, **-y**)

F

Fabrik **fabrika** (w)
Faden **nić** (w)
fähig sein **kmany być*** (uv) (**sym, sy, je, smy, sće, su**)
Fahne **chorhoj** (w)
Fahrbahn **jězdnja** (w)
Fähre **přewoz** (m)
fahren **jě|ć*** (uv, 3a) (**-du, dźeš**)
fahren (ziellos, gewohnheitsmäßig) **jězdźić** (uv, 2a)
Fahrer **jězdźer** (m, **-ja**)
Fahrkarte **jězdźenka** (w)
Fahrplan **jězdny plan** (m)
Fahrrad **koleso** (s)
Fahrrad fahren **kolesować** (uv, 3a)
Fahrstuhl **lift** (m)
Fahrzeug **jězdźidło** (s)
fair **fairny**
fallen **padnyć** (3a)/ **padać** (1a)
falls **jeli, jelizo**
falsch **wopačny**
Falte **fałda** (w)
falten **sfałdować** (3a)/ **fałdować** (3a)
Familie **swójba** (w)
fangen **łapnyć** (3a)/**łapać** (1a)
fangen (Ball) **popadnyć** (3a)/**popadować** (3a)
Farbe **barba** (w)
Fass **sud**
fast **nimale, skoro**
fasten **pošćić so** (uv, 2a)
faul (Obst) **zhniły**
faul (träge) **lěni**
Faust **pjasć** (w)
fehlen **falować** (uv, 3a)
Fehler **zmylk** (m)
Feier **swjedźeń** (m)
feiern **woswjećić** (2a)/ **swjećić** (2a)
Feiertag **swjaty dźeń** (m, **swjateho dnja**)
feilschen **wikować** (uv, 3a)
fein (nicht grob) **drobny**
fein (zart) **něžny**
Feld (Acker) **polo** (s)
Fenster **wokno** (s)
Ferien **prózdniny** (Mz)
fern **daloki**
Fernglas **dalokowid** (m)
Fernsehen **telewizija** (w)
Fernsehgerät **telewizor** (m)
fertig **hotowy**
fest **kruty**
Fest **swjedźeń** (m)
Fett **tuk** (m)
fett **tołsty**
fettig **tučny**
feucht **włóžny**
Feuer **woh|eń** (m, **-nja**)
Feuerwehr **wohnjowa wobora** (w)
Feuerzeug **křesadło** (s)
Fieber **zymica** (w)
Film **film** (m)
finden **namakać** (v, 1a)
finden (zufällig) **nade|ńć*** (v, 3a) (**-ńdu, -ńdźeš**) (**-šoł**)
Firma **firma** (w)
flach **płony**
Flagge **chorhoj** (w)
Flamme **płomj|o** (s, **-enja**)
Flasche **bleša** (w)
Flaschenöffner **wočinjak** (m)
Fleck **blak** (m)
fleißig **pilny**
fliegen **leć|eć*** (uv, 2a) (**-u, -iš**)
fliegen (ziellos, gewohnheitsmäßig) **lětać** (uv, 1a)
fliehen **ćeknyć** (3b)/**ćěkać** (1a)
fließen **běž|eć*** (uv, 2a) (**-u, -iš**) (**-ał**)
flirten **flirtować** (uv, 3a), **lubkować** (uv, 3a)
Flotte **flota** (w)
Flug **lět** (m)
Flughafen **lětanišćo** (s)
Flugzeug **lětadło** (s)
Fluss **rěka** (w)
Flüssigkeit **kapalina** (w)
flüstern **šeptać** (uv, 1a)
Folge **sćěh** (m), **slěd** (m)
folgen **sćěhować** (uv, 3a), **slědować** (uv, 3a)
Folklore **folklora** (w)
fordern **žadać** (uv, 1a), **žadać sej** (uv, 1a)
Forderung **žadanje** (s)
Form **forma** (w)
Formular **formular** (m)
Fortschritt **postup** (m)
Foto **foto** (s)
Fotoapparat **fotoaparat** (m)

Fotograf **fotograf** (m)
fotografieren **sfotografować** (3a)/**fotografować** (3a)
Frage **prašenje** (s)
fragen (jmd.) **woprašeć so** (1b)/**prašeć so** (1b) (+2)
frei **swobodny**
fremd **cuzy**
freuen, sich **radować so** (uv, 3a), **wjeselić so** (uv, 2a)
freundlich **přećelny, přijomny**
Freundschaft **přećelstwo** (s)
Frieden **měr** (m)
Friedhof **kěrchow** (m), **pohrjebnišćo** (s)
frieren (es) **mjerznyć** (uv, 3a)
frieren (körperlich) **zymu mrě|ć*** (uv, 3a) (**-ju, -ješ**)
frisch (Obst) **čerstwy**
froh **wjesoły**
fröhlich **wjesoły**
Frucht **płód** (m, **płoda**)
früh (U) **zahe, rano**
früher (damals) **prjedy**
früher (zeitiger) **prjedy**
Frühling **nalěćo** (s)
Frühstück **snědanje** (s)
frühstücken **snědać** (uv, 1a)
fühlen, etwas **začu|ć*** (3a) (**-ju, -ješ**)/**ču|ć*** (3a) (**-ju, -ješ**)
fühlen, sich **ču|ć so*** (3a) (**-ju, -ješ**)
führen **wje|sć*** (uv, 3a) (**-du, -dźeš**) (**-dł**)
Führer **wjednik** (m)
Führerschein **jězdna dowolnosć** (w)
füllen **napjelnić** (2a)/**pjelnić** (2a)
Füllung (Zahn-) **pjelnjenje**
Fundbüro **běrow** (m) **za namakanki**
funktionieren **fungować** (uv, 3a)
für **za** (+4)
furchtbar **strašny**
fürchten, sich (vor) **boj|eć so*** (uv, 2a) (**-u, -iš**) (**-ał**) (+2)
fürchterlich **strašny**
Fuß **noha** (w)
Fußball (Spiel) **kopańca** (w)
Fußgänger **pěšk** (m)
füttern **picować** (uv, 3a)

G

Gabel **widlički** (Mz)
gähnen **zywnyć** (3a)/**zywać** (1a)
Galerie **galerija** (w)
Gang (Haus) **chódba** (w)
Gang (Auto) **chód** (m)
ganz (heil) **cyły, njewobškodźeny**
ganz (völlig) **cyły, wšón**
gar (gekocht) **mjechki**
Garage **garaža** (w)
Garderobe **garderoba** (w)
Gardine **gardina** (w)
Garten **zahroda** (w)
Gas **płun** (m)
Gas geben **płun dać** (1a)/**dawać** (1a)
Gast **hósć** (m)
Gastgeber **hosćićel** (m)
Gastgeberin **hosćićelka** (w)
Gaststätte **hosćenc** (m), **korčma** (w)
Gebäck **pječwo** (s)
Gebäude **twarjenje** (s)
geben **dać** (1a)/**dawać** (1a)
Gebet **modlitwa** (w)
Gebirge **hory** (Mz)
Gebiss **zuby** (Mz)
gebrauchen **wuži|ć*** (3a) (**-ju, -ješ**)/**wužiwać** (1a)
Gebühr **popłatk** (m)
Geburt **narodźenje** (s)
Geburtstag **narodny dźeń** (m, **narodneho dnja**)
Gedanke **mysl** (w)
Gefahr **strach** (m)
gefährlich **strašny**
gefallen **spodobać so** (uv, 1a), **lubić so** (uv, 2a)
Gefängnis **jastwo** (s)
Gefäß **sudobjo** (s)
Gefühl **čuće** (s)
gefüllt **napjelnjeny**
gegen **přećiwo** (+3)
Gegend **kónčina** (w)
Gegenstand **předmjet** (m)
gegenüber von **napřećo** (+3)
gehen **hić*** (uv, 3a) (**du, dźeš**) (**šoł**)
gehen (ziellos, gewohnheitsmäßig) **chodźić** (uv, 2a)

Gehirn **mozy** (Mz)
gehören zu **słušeć** (uv, 1b) **k** (+3)/**do** (+2)
gekocht **warjeny**
gelb **žołty**
Geld **pjenjezy** (Mz, **pjenjez**)
Geldautomat **pjenježny automat** (m)
Geldbuße **pjenježna pokuta** (w)
Gelegenheit **składnosć** (w)
gelten **płaćić** (uv, 2a)
Gemüse **zelenina** (w)
gemütlich **pohódny, přijomny**
genau **dokładny**
Genehmigung **dowolnosć** (w)
genießen **wuži|ć*** (3a) (**-ju, -ješ**)/**wužiwać** (1a)
genug **dosć** (+2)
genügen **dosahać** (uv, 1a)
geöffnet **wočinjeny**
Gepäck **brěmjenja** (Mz)
gerade (zeitlich) **runje**
geradeaus **runjewon**
geräuchert **sušeny**
gerecht **sprawny**
Gericht (Amt) **sudnistwo** (s)
Gericht (Essen) **jědź** (w)
gern **rady** (U)
gern haben **rady m|ěć*** (**-am, -aš, -a, -amy, -aće, -aja**)
geröstet **praženy**
Geruch **wóń** (w)
gesalzen **seleny, słony**
gesamt **cyły, wšón**
Geschäft (Laden) **wobchod** (m)
geschehen **sta|ć so*** (3a) (**-nu, -nješ**)/**stawać so** (1a)
Geschenk **dar** (m)
Geschichte (Erzählung) **stawizna** (w)
Geschichte (Historie) **stawizny** (Mz)
geschieden **dźěleny, rozwěrowany**
Geschlecht **splah** (m)
Geschlechtskrankheit **splažna chorosć** (w)
geschlossen **zamknjeny, zawrjeny**
Geschmack **słód** (m)
Geschwindigkeit **spěšnosć** (w)
Gesellschaft **towaršnosć** (w)
Gesetz **zakoń** (m)
Gesicht **wobličo** (s)
Gespräch **rozmołwa** (w)
gesprächig **powědaty**
Gestalt **postawa** (w)
gestern **wčera**
gestohlen **pokradnjeny**
gesund **strowy**
Gesundheit **strowosć** (w)
Getränk **napoj** (m), **piće** (s)
Gewehr **třělba** (w)
Gewerkschaft **dźěłarnistwo** (s)
Gewicht **waha** (w)
gewinnen **dob|yć*** (3a) (**-udu, -udźeš**)/**dobywać** (1a)
gewiss **zawěsće**
Gewitter **njewjedro** (s)
gewöhnen, sich an (etwas) **nawučić so** (v, 2a) **k** (+3)
Gewohnheit **zwučenosć** (w)
gewöhnlich **zwučeny, wšědny**
Gewürz **korjenina** (w)
gießen **zle|ć*** (3a) (**-ju, -ješ**)/**le|ć*** (3a) (**-ju, -ješ**)
Gift **jěd** (m)
giftig **jědojty**
Gipfel **wjeršk** (m)
glänzend **błyšćaty**
Glas (Material) **škleńca** (w)
Glas (Trink-) **škleńca** (w)
glatt **hładki**
Glaube **wěra** (w)
glauben an (jmd./etwas) **wěrić** (uv, 2a) **do** (+2)
gleiche, der **samy**
Gleichgewicht **runowaha** (w)
Glück **zbožo** (s)
glücklich **zbožowny**
Glückwunsch **zbožopřeće** (s)
Glühbirne **žehlawka** (w)
Gold **złoto** (s)
Gott **Bóh** (m)
graben **ry|ć*** (uv, 3a) (**-ju, -ješ**)
Grad **stop|jeń** (m, **-nja**)
Gramm **gram** (m)
Grammatik **gramatika** (w)
Gras **trawa** (w)
gratulieren **gratulować** (uv, 3a)
Grenze **hranica** (w), **mjeza** (w)

Griff **přimadło** (s)
grillen **grilować** (uv, 3a)
Grippe **gripa** (w)
groß **wulki**
großartig **wulkotny**
Größe **wulkosć** (w)
Grund **přičina** (w)
Gruppe **skupina** (w)
Gruß **postrow** (m)
grüßen **postrowić** (2a)/ **strowić** (2a), **powitać** (1a)/**witać** (1a)
gucken **pohladnyć** (3a)/ **hladać** (1a)
gültig **płaćiwy**
Gummi **gumij** (m)
Gurt **rjemjeń** (m)
Gürtel **pas** (m)
gut **dobry**

H

Haar **włos** (m)
haben **m|ěć*** (uv) (**-am, -aš, -a, -amy, -aće, -aja**)
hacken **kopnyć** (3a)/**kopać** (1a)
Hafen **přistaw**
hagelt, es **krupy bija**
Haken **hoka** (w)
halb **poł** (+2)
Hälfte **połojca** (w)
Halle **hala** (w)
Halsschmerzen **šijebolenje** (s)
halten (Hand) **dźerž|eć*** (uv, 2a) (**-u, -iš**) (**-ał**)
halten für **m|ěć*** (**-am, -aš, -a, -amy, -aće, -aja**) **za** (+4)
Haltestelle **zastanišćo** (s)
Hammer **hamor** (m)
Hand **ruka** (w)
Handel **wikowanje** (s)
handeln (Waren) **wikować** (uv, 3a)
Handgepäck **wačoki** (Mz)
Händler **wikowar** (m, **-ja**)
Handtuch **trěnje** (s)
Handwerk **rjemjesło** (s)
hängen **wisać** (uv, 1a)
hart **twjerdy**
hassen (jmd.) **hidźić** (uv, 2a)
hässlich **hrozny**
Haupt- **hłowny**
Hauptstadt **stolica** (w), **hłowne město** (s)
Haus **dom** (m)
Hausfrau **hospoza** (w)
Haut **koža** (w)
Hebamme **baba** (w)
heben **zběhnyć** (3a)/ **zběhać** (1a)
heilen (Wunde) **zaži|ć*** (3a) (**-ju, -ješ**)/**ži|ć*** (3a) (**-ju, -ješ**)
heilig **swjaty**
Heirat **žeńtwa** (w)
heiraten **woženić so** (2a)/ **ženić so** (2a)
heiß **horcy**
heiß („es ist …") **horco**
Heizung **tepjenje** (s)
helfen **pomhać** (v/uv, 1a)
hell **swětły**
Hemd **košla** (w)
herauslassen **wupušćić** (2a)/**wupušćeć** (1b)
herausnehmen (einen Gegenstand) **wuw|zać*** (v, 3a) (**-ozmu, -ozmješ**)
herausnehmen (mehrere Gegenstände) **wub|rać*** (3a, **-jeru, -jerješ**)/ **wuběrać** (1a)
Herbst **nazyma** (w)
Herd **wohnišćo** (s)
hereinkommen **nutř při|ńć*** (v, 3b) (**-ńdu, -ńdźeš**) (**-šoł**)
Herkunft **pochad** (m)
Herr **knjez** (m)
Herz **wutroba** (w)
Herzinfarkt **infarkt** (m) **wutroby**
herzlich **wutrobny**
Heu(schnupfen) **synowa smorkawa** (w)
heute **dźensa**
hier **tu**
Hilfe **pomoc** (w)
Himmel **njebjo** (s)
hin und zurück **tam a** (**zaso**) **wróćo**
hineingehen **zastupić** (v, 2a)
hinten **zady**
hinter **zady** (+2), **za** (+5/+4)
Hintergrund **pozadk** (m)
Hintern **zadk** (m)
historisch **historiski**

Hitze **horcota** (w)
hoch **wysoki**
Hochschule **wysoka šula** (w)
Hochzeit **kwas** (m)
Hof **dwór** (m, **dwora**)
hoffen **nadźijeć so** (uv, 1b)
hoffentlich **nadźijomnje**
höflich **zdwórliwy**
Höhe **wysokosć** (w)
Höhle **prózdnjeńca** (w)
holen **hić*** (uv, 3a) (**du, dźeš**) **po** (+4)
Holz **drjewo** (s)
homosexuell **homoseksualny**
hören (zielgerichtet) **słuchać** (uv, 1a)
hören (beiläufig) **słyš|eć*** (uv, 2a) (**-u, -iš**)
Hörer (Telefon) **słuchatko** (s)
Hotel **hotel** (m)
Hüfte **bjedro** (s)
Hügel **hórka** (w)
Hund **p|os** (m, **-sa**)
Hunger **hłód** (m, **hłoda**)
hupen **zatrubić** (2a)/**trubić** (2a)
Husten **kašel** (m)
Hygiene **hygiena** (w)

I

Idee **ideja** (w)
im **w** (+6)
im Voraus **před tym**
immer **přeco**
impfen **šćěpić** (uv, 2a)
in (wo?) **w** (+6)
in (wohin?) **do** (+2)
in (zeitlich) **za** (+4)
Industrie **industrija** (w)
Infektion **infecija** (w)
Information **informacija** (w)
informieren, jmd. **informować** (uv, 3a) (+4)
informieren, sich **informować so** (uv, 3a)
Ingenieur **inženjer** (m)
inklusive **inkluziwnje** (+2, +4)
innen **nutřka**
innerhalb **w** (+6)
innerhalb (zeitlich) **w běhu** (+2)
Insel **kupa** (w)
Institut **institut** (m)
interessant **zajimawy**
Interesse **zajim** (m)
interessieren für, sich **zajimować so** (uv, 3a) **za** (+4)
international **mjezynarodny**
irgendein **někajki**
irren **mylić so** (uv, 2a)

J

ja (Bejahung) **haj**
Jacke **jaka** (w)
jagen **honić** (uv, 2a)
Jahr **lěto** (s)
Jahreszeit **počas** (m)
Jahrhundert **lětstotk** (m)
jährlich (U) **kóždе lěto**
Jalousie **žaluzija** (w)
jeder **kóždy**
jederzeit **přeco**
jedes Mal **kóždy raz**
jemals **hdy, scyła jónu**
jemand **něchtó**
jener **wony**
jetzt **něto**
Journalist **žurnalist** (m), **nowinar** (m, **-ja**)
jucken **swjerb|jeć*** (uv, 2a) (**-ju, -iš**)
Jugendherberge **młodownja** (w)
jung **młody**
Juwelier **juwelěr** (m)

K

Kabel **kabl** (m)
Kabine **kabina** (w)
Kaffee **kofej** (m)
Kai **kaj** (m)
Kalender **protyka** (m)
kalt **zymny**
kalt („es ist ...“) **zyma**
kämpfen **wojować** (uv, 3a)
Kanne **kana** (w)
kaputt **na kruchi, do kruchow**
Karte **karta** (w)
Karton **karton** (m)
Kasse **kasa** (w)
Kassette **kaseta** (w)
Kassiererin **kasěrarka** (w)
Kasten **kašćik** (m)
katholisch **katolski**
kauen **kusać** (uv, 1a)

kaufen **kupić** (2a)/**kupować** (3a)
Kaufhaus **kupnica** (w)
Kaugummi **žwjenkačk** (m)
kaum **lědma, lědom**
Kehle **kyrk** (m)
kein **žadyn**
Keller **pinca** (w)
Kellner **pinčnik** (m)
Kellnerin **pinčnica** (w)
kennen **zna|ć*** (uv, 3a) (**-ju, -ješ**)
Keramik **keramika** (w)
Kerl **kadl|a** (m, **-e**)
Kette **rjećaz** (m)
Kiefer, der **čelesno** (s)
Kiefer, die **chójna** (w)
Kilometer **kilomet|er** (m, **-ra**)
Kind **dźěćo** (s)
Kindergarten **pěstowarnja** (w)
Kinderwagen **dźěćacy wozyčk** (m)
Kino **kino** (s)
Kiosk **kiosk** (m)
Kirche **cyrk|ej** (w, **-wje**)
Kirsche **wišnja** (w)
Kissen **zawk** (m)
Kiste **kista** (w)
klar **jasny**
Klasse **rjadownja** (w)
klassisch **klasiski**
klatschen **kleskać** (uv, 1a), **přikleskować** (uv, 3a)
Klebeband **lěpjata papjera** (w)
kleben **lěpić** (uv, 2a)
klebrig **lěpjaty**
Klebstoff **lěpidło** (s)
Kleid **šat** (m)
Kleiderbügel **wěšatko** (s)
Kleidung **drasta** (w), **woblečenje**
klein **mały**
Klempner **blachar** (m, **-ja**)
klettern **lěz|ć*** (uv, 3a) (**-u, -eš**) (**-ł**)
klettern (ziellos, gewohnheitsmäßig) **łazyć** (uv, 2a), **krosnić so** (uv, 2a)
Klima **klima** (m, nicht beugbar)
Klingel **zwónčk** (m)
klingen **klinč|eć*** (uv, 2a) (**-u, -iš**) (**-ał**)
Klippe **wuškała** (w)
klopfen **zaklepać** (1a)/**klepać** (1a)
klug **mudry**
kneifen **ščipnyć** (3a)/**ščipać** (1a)
Kneipe **korčma** (w)
Knochen **kósć** (w, **kosće**)
Knopf **kneflk** (m)
Koch **kuchar** (m, **-ja**)
kochen **zwarić** (2a)/**warić** (2a)
Köder **wudźenka** (w)
Koffer **kóf|er** (m, **-ra**)
Kohle **wuhlo** (s)
kommen **při|ńć*** (3a) (**-ńdu, -ńdźeš**) (**-šoł**)/**přichadźeć** (1b)
kompliziert **komplikowany**
Komponist **komponist** (m)
Kondom **kondom** (m)
können **mó|c*** (uv, 3a) (**-žu, -žeš**) (**-hł**)
Konsulat **konsulat** (m)
Kontakt **kontakt** (m)
kontaktieren **kontaktować** (uv, 3a)
Kontaktlinse **kontaktowa linsa** (w)
Konto **konto** (s)
Kontrolleur **kontroler** (m)
Kontrolleurin **kontrolerka** (w)
kontrollieren **překontrolować** (3a)/**kontrolować** (3a)
Konzert **koncert** (m)
Kopf **hłowa** (w)
Kopfkissen **hłowak** (m)
Kopfschmerzen **hłowybolenje** (s)
Korb **koš** (m), **korbik** (m)
Korkenzieher **wućahowak** (m) (**za zatyčku**)
Körper **ćěło** (s)
korrigieren **skorigować** (3a)/**korigować** (3a)
kostbar **drohotny**
kosten (Preis) **płaćić** (uv, 2a)
kosten (probieren) **woptać** (1a)/**woptawać** (1a)
Kotflügel **błótnik** (m)
kotzen **blunyć** (3a)/**bluwać** (1a)
Kragen **kornar** (m, **-ja**)

Krampf **spink** (m)
krank **chory**
Krankenhaus **chorownja** (w)
Krankenpfleger **hladar** (m, **-ja**) **chorych**
Krankenpflegerin **hladarka** (w) **chorych**
Krankenwagen **chorobne awto** (s)
Krankheit **chorosć** (w)
kratzen, sich **drapać so** (uv, 1a)
Kräuter **zela** (Mz)
Krawatte **krawata** (w)
Krebs (auch Krankheit) **rak** (m)
Kredit **kredit** (m)
Kreditkarte **kreditowa kartka** (w)
Kreuz **křiž** (m)
Kreuzung **křižowanišćo** (s)
kriechen **lěz|ć*** (uv, 3a) (**-u, -eš**) (**-ł**)
kriechen (ziellos, gewohnheitsmäßig) **łazyć** (uv, 2a)
Krieg **wójna** (w)
Küche **kuchnja** (w)
Kugelschreiber **kuli** (m, **-ja**)
kühl **chłódny**
Kühler **chłódźak** (m)
Kühlschrank **chłódźak** (m)
Kultur **kultura** (w)
kümmern, sich **staroséić so** (uv, 2a)
Kumpel **kumpl** (m)
Kunst **wuměłstwo** (s)
Kunstgewerbe **wuměłske rjemjesło** (s)
Künstler **wuměłc** (m)
Künstlerin **wuměłča** (w)
künstlich **kumštny**
Kupfer **kopor** (m)
Kupplung **kuplowanka** (w)
Kurs **kurs** (m)
Kurve **křiwica** (w)
kurz **krótki**
kürzlich **njedawno, wóndano, před krótkim**
kurzsichtig **krótkowidny**
Kuss **hubka** (w)
küssen, sich **wokošić so** (2a)/**košić so** (2a), **hubkować so** (uv, 3a)
Küste **po|brjóh** (m, **-brjoha**)
Kutsche **korejta** (w), **kuča** (w)

L

lachen **sm|jeć so*** (3a) (**-ěju, -ěješ**) (**-jał**)
Laden **wobchod** (m)
Lage **położenje** (s)
Lager (mech.) **lěhwo** (s)
Lähmung **sprostnjenje** (s)
Laken **płachta** (w)
Lampe **lampa** (w)
Land **kraj** (m)
Landkarte **karta** (w)
Landschaft **krajina** (w)
Landwirtschaft **ratarstwo** (s)
lang (Entfernung) **dołhi**
lang(e) (Zeit) **dołhi**
langsam **pomałki**
langsam (U) **pomałku, pomału**
langweilig **wostudły**
Lappen **lapa** (w)
lassen (jmd. veranlassen) **dać** (1a)/**dawać** (1a) (+3)
Laterne **latarnja** (w)
laufen **hnać*** (uv) (= **ćěrić**), **ćěrić** (uv, 2a), **běž|eć*** (uv, 2a) (**-u, -iš**) (**-ał**)
laufen (ziellos, gewohnheitsmäßig) **hanjeć** (uv, 1b), **běhać** (uv, 1a)
Laut **zynk** (m)
laut **hłósny**
leben **žiwy być*** (uv) (**sym, sy, je, smy, sće, su**)
Leben **žiwjenje** (s)
Lebensmittel **žiwidło** (s)
Leber **jatra** (Mz)
lecken **lizać** (uv, 1a)
lecker **słódny**
Leder **koža** (w)
ledig **nježenjeny, swobodny**
leer **prózdny**
legen **położić** (2a)/**kła|sć*** (3a) (**-du, -dźeš**) (**-dł**)
lehren **wučić** (uv, 2a)
Lehrer **wučer** (m, **-ja**)
Lehrerin **wučerka** (w)
leicht (Gewicht) **lochki**
leicht (einfach) **lochki, njekomplikowany**
Leid tun **žel być*** (uv) (**sym, sy, je, smy, sće, su**)

leihen **požčić** (2a)/ **požčować** (3a)
Leinen **płat** (m)
leisten, sich etw. **sebi něšto kupić** (v, 2a)
leiten **nawjedować** (uv, 3a), **wodźić** (uv, 2a)
Lenkrad **wodźidło** (s)
lernen **nawuknyć** (3a)/ **wuknyć** (3a)
lesbisch **lesbiski**
lesen **čitać** (uv, 1a)
letzter **posledni**
leuchten **swěćić so** (uv, 2a)
leugnen **zaprě|ć*** (3a) (**-ju, -ješ**)/**prě|ć*** (3a) (**-ju, -ješ**)
Leute **ludź|o** (Mz, **-i**)
Licht **swětło** (s)
Liebe **lubosć** (w)
lieben **lubować** (uv, 3a)
Lied **spěw** (m)
liegen **lež|eć*** (uv, 2a) (**-u, -iš**) (**-ał**)
Linie **linija** (w)
links **nalěwo**
Lippe **huba** (w)
Liste **lisćina** (w)
LKW **nakładne awto** (s)
Loch **dźěra** (w)
Löffel **łžica** (w)
Lohn **myto** (s)
lösen (Problem) **rozrisać** (1a)/**rozrisować** (3a)
Lösung **rozrisanje** (s)
Luft **powětr** (m)
lügen **łž|eć*** (uv, 2a) (**-u, -iš**)
Lunge **płuca** (Mz)
Lust **lóšt** (m)
lustig **wjesoły**
lutschen **comać** (uv, 1a)

M

machen **wučinić** (2a)/**činić** (2a)
Macht **móc** (w, **mocy**)
Mädchen **holca** (w)
Magen **žołdk** (m)
mager **suchi**
mahlen **zemlě|ć*** (3b) (**-ju, -ješ**)/**mlě|ć*** (3b) (**-ju, -ješ**)
Mahlzeit **jědź** (w)
Mal **raz** (m)
malen **namolować** (3a)/ **molować** (3a)
Maler **moler** (m, **-ja**)
manch **někotry**
manchmal **druhdy, hdys a hdys**
Mann **muž** (m)
männlich **muski**
Mantel **płašć** (m)
Marke **znamka** (w)
Markt **wiki** (Mz)
Maschine **mašina** (w)
Maske **maska** (w)
Massage **masaža** (w)
Material **material** (m)
Mathematik **matematika** (w)
Matratze **matraca** (w)
Mauer **murja** (w)
Maus **myš** (w)
Maut **maut** (w, nicht beugbar)
Mechaniker **mechanikar** (m, **-ja**)
Medikament **medikament** (m)
Medizin **medicina** (w)
Meer **morjo** (s)
mehr **wjace** (+2)
mehrere **někotři** (m Pers Mz), **někotre** (Mz)
meinen **měnić** (uv, 2a)
Meinung **měnjenje** (s)
meistens **zwjetša**
Menge **kopica** (w)
Mensch **čłowjek** (m)
Menstruation **menstruacija** (w)
Menü **meni** (m, **-ja**)
merken (wahrnehmen) **pytnyć** (v, 3a)
merkwürdig **dźiwny, spodźiwny**
messen **wotměrić** (2a)/ **měrić** (2a)
Messer **nóž** (m, **noža**)
Metall **metal** (m)
Meter **met|er** (m, **-ra**)
Metzger **rěznik** (m)
Mikrowelle **mikrožołmak** (m)
mieten **naj|eć*** (3b) (**-mu, -mješ**) (**-ał**)/**najimać** (1a)
mild **miły**
Milz **słozyna** (w)
minderjährig **małolětny**
mindestens **znajmjeńša**

Mine (Stift) **mina** (w)
Mine (Bergwerk) **podkopk** (m)
Minimum **minimum** (m)
Minister **minist|er** (m, **-ra**)
Minute **mjeńšina** (w)
mischen **změšeć** (1b)/ **měšeć** (1b)
Mist **hnój** (m, **hnoja**)
mit **z** (+5)
Mitglied **čłon** (m)
Mitleid **sobuželnosć** (w)
mitmachen **sobu činić** (uv, 2a)
Mittag **připołdnjo** (s)
Mittagessen **wobjed** (m)
Mitte **srjedźina** (w)
Mittel **srědk** (m)
Mittelalter **srjedźowěk** (m)
mittels **z pomocu** (+2)
Möbel **meble** (Mz)
Mode **moda** (w)
modern **moderny**
mögen **lubować** (uv, 3a), **rady m|ěć*** (**-am, -aš, -a, -amy, -aće, -aja**)
möglich **móžny**
möglich („es ist ...") **móžno**
Moment **wokomik** (m)
Monat **měsac** (m)
Mond **měsačk** (m)
Mord **mordarstwo** (s)
Mörder **mordar** (m, **-ja**)
morgen **jutře**
Morgen **ranje** (s)
morgens **rano**
Motor **motor** (m)
Motorboot **motorowy čołm** (m)
Motorhaube **motorowa hawba** (w)
Motorrad **motorske** (Eig, s)
müde **mučny**
Müll **smjeće** (Mz)
Mülleimer **wotpadkowy bow** (m)
Mund **ert** (m), **huba** (w)
Münze **pjenjez** (m)
Museum **muzej** (m)
Musik **hudźba** (w)
Musikant **herc** (m)
Musiker **hudźbnik** (m)
Muskel **muskl** (m)
müssen **dyrb|jeć*** (uv, 2a) (**-ju, -iš**)
Muster **must|er** (m, **-ra**)
Mutter **mać** (w, **-erje**)
Mütze **čapka** (w)

N

nach (Richtung) **do** (+2)
nach (Zeit) **po** (+6)
Nachbar **susod** (m)
Nachbarn (Mz) **susodźa**
nachdem **za tym hač**
Nachmittag **popołdnjo** (s)
Nachricht **powěsć** (w)
nächste (kommende) **přichodny**
nächster (folgender) **slědowacy**
Nacht **nóc** (w, **nocy**)
nackt **nahi**
Nadel (Baum-) **jehła** (w)
Nadel (Näh-) **šita jehła** (w)
Nagel (Werkzeug) **hózdź** (m, **hozdźa**)
Nagellack **nochćowy lak** (m)
Nagellackentferner **wotlakěrowak** (m)
nah **bliski**
nahe (U) **blisko**
Nähe **bliskosć** (w)
Nahrung **cyroba** (w)
Name **mjeno** (s)
nass **mokry**
national **narodny**
Nationalität **narodnosć** (w)
Natur **přiroda** (w)
natürlich (gewiss) **zawěsće, so wě**
natürlich (nicht künstlich) **přirodny**
Nebel **kurjawa** (w)
neben **pódla** (+2)
nehmen **w|zać*** (3a) (**-ozmu, -ozmješ**)/**b|rać*** (3a) (**-jeru, -jerješ**)
nein **ně**
nennen **pomjenować** (3a)/ **mjenować** (3a)
nervös **nerwozny**
nett **přijomny**
neu **nowy**
neugierig **wćipny**
Neujahr **Nowe lěto** (s)
nicht **nje-**
Nichtraucher **njekurjak** (m)
nichts **nic**
nie **ženje, nihdy**

Niederlage **poražka** (w)
niedlich **něžny**
niedrig **niski**
niemals **nihdy**
niemand **nichtó**
Niere **jěrcheń** (m)
nirgendwo/-hin **nihdźe**
noch **hišće**
noch einmal **hišće raz**
Nonne **mniška** (w)
Norden **sewjer** (m)
nördlich **sewjerny**
normal **normalny**
normalerweise **normalnje**
Not **nuza** (w)
Notausgang **nuzowy wuchod** (m)
Note **nota** (w)
Notfall **nuzny pad** (m)
nötig **trěbny, nuzny**
notwendig **nuzny**
Notwendigkeit **nuznosć** (w), **trěbnosć** (w)
Null **nula** (w)
Nummer **čisło** (s)
Nummernschild **čisłowe znamj|o** (s, **-enja**)
nur **jenož**
nutzen **wuži|ć*** (3a) (**-ju, -ješ**)/**wužiwać** (1a)
nützlich **wužitny**

O

ob **hač**
oben **horjeka**
obere **horni**
Oberfläche **powjerch** (m)
obwohl **hačrunjež**
oder **abo**
Ofen **kachle** (Mz)
offen **wotewrjeny**
öffentlich **zjawny**
öffnen **wočinić** (2a)/**wočinjeć** (1b)
Öffnung (Loch) **wotwěra** (w)
oft **často**
ohne **bjez(e)** (+2)
Ohnmacht **womora** (w)
Ohrring **nawušnica** (w)
Öl **wolij** (m)
Olive **oliwa** (w)
Onkel **wuj** (m)
Oper **opera** (w)
Operation **operacija** (w)
Opfer **wopor** (m)
Optiker **optikar** (m, **-ja**)
Orange **oranža** (w)
orange **oranžowy**
Orchester **orchest|er** (m, **-ra**)
ordentlich **porjadny**
Organ **organ** (m)
organisieren **zorganizować** (3a)/**organizować** (3a)
Ort (Stelle) **městno** (s)
Osten **wuchod** (m)
Ostern **jutry** (Mz)
Österreich **Awstriska** (Eig, w)
Österreicher **Awstričan** (m)
Österreicherin **Awstričanka** (w)
östlich **wuchodny, narańši**
Ozean **ocean** (m)

P

Paar **por** (m)
paar **por** (+2)
Päckchen **pakčik** (m)
Paket **paket** (m)
Palast **palast** (m)
Panne **pana** (w)
Papier **papjera** (w)
Papst **bamž** (m)
Parfüm **parfim** (m)
Park **park** (m)
parken **parkować** (uv, 3a)
Parkplatz **parkowanišćo** (s)
Parlament **parlament** (m), **sejm** (m)
Partei **strona** (w)
Partner **partner** (m)
Pass (Reise-) **pas** (m)
Passagier **pasažěr** (m)
passen (sich eignen) **hodź|eć so*** (uv, 2a) (**-u, -iš**) (**-ał**)
passieren (geschehen) **sta|ć so*** (3a) (**-nu, -nješ**)/**stawać so** (1a)
Patient **pacient** (m)
Pause **přestawka** (w)
peinlich **hańba** (nicht beugbar), **njepřijomne**
Pension (Gasthof) **pension** (m)
Pension (Ruhestand) **wuměnk** (m)
per Anhalter fahren **z awtostopom jě|ś*** (uv) (**-du, -dźeš**)

perfekt **perfektny**
Perle **parla** (w), **parlička** (w)
Person **wosoba** (w)
Personalausweis (**personalny**) **wupokaz** (m)
persönlich **wosobinski**
Pfad **šćežka** (w)
Pfanne **pónoj** (w)
Pfeife (Tabak) **trubka** (w)
pfeifen **hwizdać** (uv, 1a)
Pferd **kóń** (m, **konja**)
Pflanze **rostlina** (w)
Pflaster (Wunde) **plest|er** (m, **-ra**)
Pfund **punt** (m)
Pfütze **łuža** (w)
Physik **fyzika** (w)
Pille **pila** (w)
Pinzette **pinceta** (w)
Plan **plan** (m)
planen **planować** (uv, 3a)
Plastik **plastika** (w)
Plastikbeutel **plastikowy měšk** (m)
Platz (Stadt) **naměsto** (s)
Platzkarte **městna karta** (w)
plaudern **rozmołwjeć so** (uv, 1b), **bachtać** (uv, 1a)
plötzlich (U) **nadobo, njejapcy, zrazom**
polieren **polěrować** (uv, 3a)
Politik **politika** (w)
Politik(er) **politikar** (m, **-ja**)
Polizei **policija** (w)
Polizist **policist** (m)
Portion **porcija** (w)
Portmonnee **móš|eń** (w, **-nje**), **móšnička** (w)
Porto **porto** (s)
Porzellan **pórclin** (m)
Post **póst** (m)
Postbeamte, der **póstownik** (m)
Postbeamte, die **póstownica** (w)
Postfach **póstowy kašćik** (m)
Postkarte **dopisnica** (w)
Postleitzahl **póstowe** (**wodźenske**) **čisło** (s)
prahlen **čěpčić so** (uv, 2a), **hordźić so** (uv, 2a)
Praktikum **praktikum** (m)
Präsident **prezident** (m)
Preis **płaćizna** (w)
preiswert **tuni**
Prellung **dyrjenje** (s)
Priester (katholisch) **měšnik** (m)
primitiv **primitiwny**
Prinz **princ** (m)
Prinzessin **princesna** (w)
privat (U) **priwatnje**
pro **na** (+4), **za** (+4)
probieren **woptać** (1a)/ **woptawać** (1a)
Problem **problem** (m)
Programm **program** (m)
prüfen **přepruwować** (3a)/ **pruwować** (3a)
Prüfung **pruwowanje** (s)
Pullover **pulow|er** (m, **-ra**)
Pulver **pulw|er** (m, **-ra**)
Pumpe **klumpa** (w), **plumpa** (w)
Punkt **dypk** (m)
pünktlich **dypkowny**
Putzfrau **rjedźerka** (w)

Q

Qualität **kwalita** (w)
quatschen **bledźić** (uv, 2a), **žwantorić** (uv, 2a)
Quittung **kwitowanka** (w)

R

Rabatt **rabat** (m)
Rache **wjećba** (m)
Rad **koleso** (s)
Radiergummi **drapak** (m), **gumij** (m)
Radio **radijo** (s)
Radrennen **kolesowe wuběďźowanje** (s)
Rahmen **ramik** (m)
Rakete **raketa** (w)
Rand **kroma** (w)
Rasierapparat **truhadło** (s)
rasieren, sich **wottruhać so** (1a)/**truhać so** (1a)
Rasierklinge **britwička** (w)
Rasierpinsel **truhanski seršćowc** (m)
Rasierseife **truhanske mydło** (s)
Rat **rada** (w)
Rathaus **radnica** (w)
Ratte **wulka myš** (w)

rauben **wurubić** (2a)/**rubić** (2a)
Rauch **kur** (m), **dym** (m)
rauchen **kurić** (uv, 2a)
Raucher **kurjak** (m), **kurjer** (m, **-ja**)
Raum **rum** (m)
rauslassen **wupušćić** (2a)/ **wupušćeć** (1a)
rechnen **ličić** (uv, 2a), **ličbować** (uv, 3a)
Rechnung **zličbowanka** (w)
Recht **prawo** (s)
recht **prawy**
rechts **naprawo**
Rechtsanwalt **prawiznik** (m)
Redakteur **redaktor** (m)
reden **rěč|eć*** (uv, 2a) (**-u**, **-iš**)
Regal **regal** (m)
regelmäßig **prawidłowny**
regeln **zrjadować** (3a)/ **rjadować** (3a)
Regen **dešć** (m)
Regenbogen **tučel** (w)
Regenmantel **dešćowy płašć** (m)
Regenschirm **předešćnik** (m), **parasol** (m)
regieren **knježić** (uv, 2a)
Regierung **knježerstwo** (s)
Region **region** (m)
regional **regionalny**
Regisseur **režiser** (m)
registrieren **zregistrować** (3a)/**registrować** (3a)
regnet, es (**dešć**) **so dźe**
reiben **rybować** (uv, 3a)
reich **bohaty**
reif **zrały**
Reifen **wobruč** (w)
Reihe **rjad** (m)
reinigen **wurjedźić** (2a)/ **rjedźić** (2a)
reinigen (Kleidung) **wučisćić** (2a)/**čisćić** (2a)
Reinigung (von Kleidung) **čisćenje** (s)
Reise **pućowanje** (s)
Reise (Fahrt) **jězba** (w)
Reisebüro **pućowanski běrow** (m)
Reiseführer **pućowanski wjednik** (m)
reisen **pućować** (uv, 3a)
Reisende, die **pućowarka** (w)
Reisende, der **pućowar** (m, **-ja**)
Reisepass **pućowanski pas** (m)
reißen **torhnyć** (3a)/**torhać** (1a)
Reißverschluss **zasmyk** (m)
reiten **jěchać** (uv, 1a)
Religion **nabožina** (w)
rennen **hnać*** (= **ćěrić**), **ćěrić** (uv, 2a)
rennen (ziellos, gewohnheitsmäßig) **hanjeć** (uv, 1b)
Rente **renta** (w)
Reparatur **porjedźenje** (s)
reparieren **porjedźić** (2a)/ **porjedźeć** (1b)
Republik **republika** (w)
reservieren **rezerwować** (uv, 3a)
Reservierung **rezerwowanje** (s)
Restaurant **hosćenc** (m)
retten **wumóžić** (2a)/ **wumóžeć** (1b)
Rettungswagen **wuchowanske awto** (s)
Rezept (Koch-) **recept** (m)
Rezept (Arzt) **recept** (m)
Rezeption **recepcija** (w)
Richter **sudnik** (m)
richtig **prawy**
Richtung **směr**
riechen **ču|ć*** (uv, 3a) (**-ju**, **-ješ**)
riesig **hoberski**
Rind **howjado** (s)
Rinde **skora** (w)
Ring **pjeršćeń** (m)
Rippe **rjebło** (s)
Rock **suknja** (w)
roh **syry**
Rohr **roła** (w)
rollen **kulić so** (2a)/**kuleć so** (1b)
Rolltreppe **běžacy schód** (m, **schoda**)
röntgen **roentgować** (uv, 3a)
rosa **róžojty**
Rose **róža** (w)
Rosé **rozejowe wino** (s)
Rost **zerzawc** (m)
rostfrei **njezerzawjacy**
rot **čerwjeny**

Rotes Kreuz **Čerwjeny křiž** (m)
Rückfahrt **wróćojězba** (w)
Rückreise **wróćojězba** (w)
Rucksack **nachribjetnik** (m)
rückständig **zawostaty**
Rückzahlung **wróćopłaćenje** (s)
Ruderboot **wjesłowarski čołm** (m)
rudern **wjesłować** (uv, 3a)
Ruf **wołanje** (s)
rufen **zawołać** (1a)/**wołać** (1a)
Ruhe **měr** (m)
ruhig **měrny**
Rühreier **rozwjerćane jeja** (Mz)
Ruine **ruina** (w), **rozpadanki** (Mz)
ruinieren **zruinować** (3a)/ **ruinować** (3a)
rund **kulojty**
Rundfahrt **kołojězba** (w)
rutschen **sunyć so** (3a)/ **suwać so** (1a)
rutschig **smykły**

S

Sache **wěc** (w)
Saft **brěčka** (w)
sagen **prajić** (v/uv, 2a), **rjeknyć** (v, 3a)
powě|dźeć* (v) (**-m, -š, –, -my, -sće, -dźa**)
Salbe **žałba** (w)
Salz **sól** (w, **sele**)
salzig **słony**
sammeln **nazběrać** (1a)/ **zběrać** (1a)
Samt **somot** (m)
Sand **pěsk** (m)
Sandalen **sandali** (w Zz)
Sänger **spěwar** (m, **-ja**)
Sängerin **spěwarka** (w)
satt **syty**
Sattel **sedło** (s)
Satz **sada** (w)
sauber **čisty**
sauber machen **wučisćić** (2a)/**čisćić** (2a)
säubern **čisćić** (uv, 2a)
sauer **kisały**
Sauna **sawna** (w)
Schach **šach** (m)
schade **škoda**
Schädel **nop** (m)
Schaffner **šafner** (m)
Schal **šawl** (m)
Schale **šklička** (w)
schälen **wobělić** (2a)/**bělić** (2a)
Schallplatte **tačel** (w)
schalten **šaltować** (uv, 3a)
Schalter (Post) **woknješko** (s)
Schalter (elektron.) **spinak** (m)
scharf **wótry, palaty**
Schatten (unter Bäumen) **chłódk** (m)
schauen **hladać** (uv, 1a)
Schaufel **łopata** (w)
Schaufenster **wukładne wokno** (s)
Schauspieler **dźiwadźelnik** (m)
Schauspielerin **dźiwadźelnica** (w)
Scheck **šek** (m)
Scheibe (Glas) **šklenca** (w)
Scheibenwischer **woknotrějak** (m)
Schein (Licht) **swětło** (s)
scheinen **swěćić** (uv, 2a)
Scheinwerfer **swětłomjetak** (m)
Schere **nožicy** (Mz)
Scherz **žort** (m)
Schicht (Arbeit) **změna** (w)
schicken **pós|łać*** (3a) (**-ćelu, -ćeleš**)/**s|łać*** (3a) (**-ćelu, -ćeleš**)
schieben **sunyć** (3a)/**suwać** (1a)
schießen **třělić** (2a)/**třělеć** (1b)
Schiff **łódź** (w)
Schild **tafla** (w), **taflička** (w)
Schimmel (Pilz) **plěs|eń** (w, **-nje**)
Schlaf **spar** (m)
schlafen **sp|ać*** (uv, 2a) (**-ju, -iš**)
Schlafsack **spanski měch** (m)
Schlafwagen **spanski wóz** (m, **woza**)
Schlafzimmer **spanska stwa** (w)

Schlaganfall **boža ručka** (w)
Schlagbaum **zawěra** (w)
schlagen **dyrić** (2a)/**bi|ć*** (3a) (**-ju, -ješ**)
Schlange **had** (m)
schlecht **špatny**
schlecht (Lebensmittel) **skaženy**
schließen **zamknyć** (3a)/ **zamkać** (1a)
schließen (Geschäft) **začinić** (2a)/**začinjeć** (1b)
Schließfach (Gepäck-) **brěmjowy kašćik** (m)
schließlich **skónčnje, naposledk**
schlimm **zły**
Schloss (Gebäude) **hród** (m, **hroda**)
Schloss (Tür-) **zamk** (m)
Schlucht **wudrěńca** (w)
schlucken **póžrě|ć*** (3a) (**-ju, -ješ**)/**póžěrać** (1a)
Schluss- **kónčny**
Schlüssel **kluč** (m)
schmackhaft **słódny**
schmal **wuski, ćeńki**
schmecken **zesłodź|eć*** (2a) (**-u, -iš**) (**-ał**)/ **słodź|eć*** (2a) (**-u, -iš**) (**-ał**)
Schmerz **ból** (w)
schmerzen **bol|eć*** (uv, 2a) (**-u, -eš**) (**-ał**)
schmerzhaft **bolostny**
Schmied **kowar** (m, **-ja**)
schmieren **zmazać** (1a)/ **mazać** (1a)
Schmuck **pycha** (w), **debjenki** (Mz)
schmutzig **mazany**
Schnecke **šlink** (m)
Schnee **sněh** (m)
schne den (allg.) **zrězać** (1a)/**rězać** (1a)
schneiden (Lebensmittel) **nakra|ć*** (3a) (**-ju, -ješ**)/**kra|ć*** (3a) (**-ju, -ješ**)
schneiden (Schere) **wottřihać** (1a)/**třihać** (1a)
schneiden, sich **rěznyć so** (v, 3a)
Schneider **krawc** (m)
schneit, es **sněh so dźe, sněh so pada**
schnell **spěšny**
schnell (U) **chětře, skoku**
Schnitt (Kleidung) **přitřih** (m)
Schnuller **comak** (m), **hutl** (m), **wuzoł** (m)
Schnur **šnóra** (w)
Schnurrbart **wusy** (Mz)
Schnürsenkel **šnórowanje** (s)
Schokolade **šokolada** (w)
schon **hižo**
schön **rjany**
Schönheit **rjanosć** (w)
Schrank **kamor** (m)
Schraube **šrub** (m)
Schraubenschlüssel **šrubowy kluč** (m)
Schraubenzieher **šrubowak** (m)
schrecklich **strašny**
schreiben **napisać** (1a)/ **pisać** (1a)
Schreibtisch **pisanske blido** (s)
Schreibwarenladen **wobchod** (w) **za pisanske graty**
schreien **rjejić** (uv, 2a), **škrěč|eć*** (uv, 2a) (**-u, -iš**) (**-ał**)
Schublade **kašćik** (m)
schüchtern **bojazliwy**
Schuh **črij** (m)
Schuld **wina** (w)
schulden **dołžić** (uv, 2a)
schuldig **winowaty**
schuldig (Geld) **dołžny**
Schule **šula** (w)
Schüler **šuler** (m, **-ja**)
Schülerin **šulerka** (w)
Schüssel **škl|a** (w, **-ě**)
Schuster **šewc** (m)
Schüttelfrost **hušk** (m)
Schutz **škit** (m)
schützen **škitać** (uv, 1a)
schwach **słaby**
schwanger **samodruha** (w)
Schwangerschaft **samodruhosć** (w)
schwarz **čorny**
Schwarzgeld **wopačne pjenjezy** (Mz)

Schwein **swinjo** (s)
Schweiz **Šwicarska**
Schweizer **Šwicar** (m, **-ja**)
Schweizerin **Šwicarka** (w)
schwer (Gewicht) **ćežki**
schwer (schwierig) **ćežki, komplikowany**
Schwester **sotra** (w)
schwierig (nicht einfach) **ćežki, komplikowany**
schwimmen **płuwać** (uv, 1a)
schwindelig, jmd. ist **... so wjerći** (+3)
schwitzen **poćić so** (uv, 2a)
schwul **šwulny**
schwül **tužny**
See (Binnen-) **jězor** (m)
See (Meer) **morjo** (s)
Segel **płachta** (w)
Segelboot **płachtaty čołm** (m)
sehen **wuhladać** (1a)/ **widź|eć*** (2a) (**-u, -iš**) (**-ał**)
Sehenswürdigkeit **zajimawosć** (w)
Sehne **sucha žiła** (w)
sehr **jara**
seicht **niłki**
Seide **žida** (w)
Seife **mydło** (s)
Seil **powjaz** (m)
sein **być*** (uv) (**sym, sy, je, smy, sće, su**)
seit **wot** (+2)
Seite **bok** (m), **strona** (w)
Sekretärin **sekretarka** (w)
Sekunde **sekunda** (w)
selbst **sam/sama/samo** (m/w/s)
selbstständig **samostatny**
selten **rědki**
seltsam **dźiwny, spodźiwny**
senden **pós|łać*** (3a) (**-ćelu, -ćeleš**)/**s|łać*** (3a) (**-ćelu, -ćeleš**)
Service **service** (m, **-a**)
servieren **serwěrować** (uv, 3a)
Serviette **serwieta** (w)
Sessel **křesło** (s)
setzen, sich **sydnyć so** (3a)/ **sydać so** (1a)
Sex **seks** (m)
sicher **wěsty**
Sicherheit **wěstota** (w)
Sicherheitsgurt **wěstotny pas** (m)
Sicherheitsnadel **zapinawka** (w)
sicherlich **zawěsće**
Sicherung (Elektrik) **zawěstka** (w)
Sieg **dobyće** (s)
Silber **slěbro** (s)
singen **wuspěwać** (1a)/ **spěwać** (1a)
Sirup **sirup** (m)
Sitz **sydło** (s)
sitzen **sedź|eć*** (uv, 2a) (**-u, -iš**) (**-ał**)
Ski **sněhak** (m)
Skulptur **skulptura** (w)
so **tak**
Socken **nohajcy** (Mz)
Sofa **konopej** (m)
sofort **hnydom**
sogar **samo**
Sohn **syn** (m)
solch **tajki**
sollen **dyrb|jeć*** (uv, 2a) (**-ju, -iš**)
Sommer **lěćo** (s)
Sonne **słónco** (**a**)
Sonnenbrand **wopalenje** (s) **wot słónca**
Sonnenbrille **słónčne nawoči** (Mz)
Sonnencreme **słónčna krema** (w)
Sonnenschirm **słónčnik** (m)
sonst **hewak**
Sorge **starosć** (w)
sorgen, sich um (jmd.) **starać so** (uv, 1a) **wo** (+4)
Soße **juška** (w)
sparen **nalutować** (3a)/ **lutować** (3a)
Spaß **wjeselo** (s)
spät (U) **pozdźe**
spazieren gehen **wuchodźować so** (uv, 3a), **přechodźować so** (uv, 3a)
Spaziergang **wuchodźowanje** (s)
Speiche **stpica** (w)
Speise **jědź** (w)
Speisekarte **jědźna karta** (w)

sperren (ab-) **zawrě|ć*** (3a) (**-ju, -ješ**)/**zawěrać** (1a)
Spezial- **specialny**
Spiegel **špihel** (m), **hladawko** (s)
Spiel **hra** (w)
spielen **hra|ć*** (uv, 3a) (**-ju, -ješ**)
Spielplatz **hrajkanišćo** (s)
Spielzeug **hrajka** (w)
Spieß **róžeń** (w)
Sport **sport** (m)
Sporthalle **sportowa hala** (w)
Sprache **rěč** (w)
sprechen **rěč|eć*** (uv, 2a) (**-u, -iš**)
Sprechzimmer **rěčna stwa** (w)
springen **skočić** (2a)/**skakać** (1a)
Spritze **sykawa** (w)
spritzen (sprühen, Blut) **prysknyć** (3a)/**pryskać** (1a), **sykać** (uv, 1a)
spritzen (bespritzen) **popryskać** (1a)/**pryskać** (1a)
Spur **slěd** (m)
Staat **stat** (m)
Staatsangehörigkeit **staćanstwo** (s)
Stadt **město** (s)
Stadtviertel **měšćanski dźěl** (m)
Stadtzentrum **měšćanski centrum** (m)
Stand (z. B. Verkaufs-) **buda** (w)
ständig (U) **stajnje**
stark **sylny, mócny**
starten **startować** (uv, 3a)
Startkabel **startowy kabl** (m)
Station **stacija** (w)
stattdessen **město toho**
stattfinden **wotmě|ć so*** (3a) (**-ju, -ješ**)/**wotměwać so** (1a)
Stau **nakopjenje** (s)
Staub **proch** (m)
Staubsauger **prochsrěbak** (m)
staunen (über etwas) **dźiwać so** (uv, 1a) (+3)
stechen **kałnyć** (3a)/**kałać** (1a)
Steckdose **tykačka** (w)
stecken (hinein-) **tyknyć** (3a)/**tykać** (1a)
Stecker **tykač** (m)
Steg **mosćik** (m)
stehen **st|ać*** (uv, 2a) (**-eju, -ejiš**)
stehlen **pokradnyć** (3a)/**kradnyć** (3a)
steigen (klettern) **lěz|ć*** (uv, 3a) (**-u, -eš**) (**-ł**)
steil **nahły**
Stein **kamjeń** (m)
Stelle **městno** (s)
stellen **stajić** (2a)/**stajeć** (1b)
sterben **wumrě|ć*** (3a) (**-ju, -ješ**)/**wuměrać** (1a), **zemrě|ć*** (3a) (**-ju, -ješ**)/**mrě|ć*** (3a) (**-ju, -ješ**)
Stern **hwězda** (w)
Steuer **dawk** (m)
Stiefel **škórń** (m), **škórnja** (w)
Stil **stil** (m)
Stimme **hłós** (m, **hłosa**)
Stimmung **nalada** (w)
stinken **smjerdź|eć*** (uv, 2a) (**-u, -iš**)
Stock (Knüppel) **kij** (m)
Stockwerk **poschod** (m)
Stoff (Gewebe) **płat** (m), **tkanina** (w)
stolpern **zakopnyć so** (v, 3a)
stolz **hordy**
stören **mylić** (uv, 2a)
stornieren **storněrowaś** (uv, 3a)
Stoßdämpfer **storkidušak** (m)
stoßen **storčić** (2a)/**storkać** (1a), **dyrić** (v, 2a)
Stoßstange **storkawa** (w)
Strafe **pokuta** (w)
Strahl **promjo** (s)
Strand **přibrjoh** (m)
Straße **dróha** (w)
Straßenbahn **tramwajka** (w)
Strauß **štrus** (m)
streicheln **majkać** (uv, 1a), **hacać** (uv, 1a)
Streichholz **zapalka** (w)
Streit **zwada** (w)

streiten, sich **wadźić so** (uv, 2a)
streng **kruty**
Strickjacke **štrykowana jaka** (w)
Strohhalm **słomička** (w)
Strom (elektrisch) **milina** (w)
Stromkabel **milinowy kabl** (m)
Strömung **prudźenje** (s)
Strumpfhose **nohajcowe cholowčki** (Mz)
Stück **kus** (m)
Student **student** (m)
studieren **studować** (uv, 3a)
Studium **studij** (m)
Stufe **schodźenk** (m)
Stuhl **stólc** (m), **stoł** (m)
Stunde **hodźina** (w)
stündlich **kóždu hodźinu**
Sturm **wichor** (m)
stürmisch **wichoraty**
stürzen **padnyć** (3a)/**padać** (1a), **walić so** (v, 2a)
Suche **pytanje** (s)
suchen **pytać** (uv, 1a)
Süden **juh** (m), **połdnjo** (s)
südlich **južny**
südlich von (etwas) **na juh wot** (+2)
Summe **suma** (w)
Sumpf **bahno** (s), **tonidło** (s), **tymj|o** (s, **-enja**)
Supermarkt **superwiki** (Mz)
Suppe **poliwka** (w)
süß **słódki**
Silvester **silwest|er** (m, **-ra**)
synthetisch **syntetiski**

T

Tabak **tobak** (m)
Tabakladen **tobakowy wobchod** (m)
Tablette **tableta** (w)
Tacho **tachomet|er** (m, **-ra**)
Tag **dźeń** (m, **dnja**)
täglich (U) **wšědnje, kóždy dźeń**
Taille **talja** (w)
Tal **doł** (m)
Tankstelle **tankownja** (w)
Tankwart **tankownik** (m)
Tante **ćeta** (w)
Tanz **reja** (w)
tanzen **rejować** (uv, 3a), **rejwać** (uv, 1a)
Tapete **tapeta** (w)
Tasche **toboła** (w)
Taschenlampe **kapsna lampa** (w)
Taschentuch **nósnik** (m)
Tasse **šalka** (w)
tatsächlich (U) **woprawdźe**
taub **hłuchi**
tauchen **podnurić so** (2a)/**nurić so** (2a)
Tausch **wuměna** (w)
tauschen **wuměnić** (2a)/**wuměnjeć** (1b)
Taxi **taksa** (w)
technisch **techniski**
Tee **čaj** (m)
Teil **dźěl** (m)
teilen **zdźělić** (2a)/**dźělić** (2a)
teilnehmen **wobdźělić so** (2a)/**wobdźěleć so** (1b)
Telefon **telefon** (m)
Telefonhörer **słuchatko** (s)
telefonieren **telefonować** (uv, 3a)
Telefonkarte **telefonowa kartka** (w)
Telefonzelle **telefonowa budka** (w)
Telegramm **telegram** (m)
Teller **taler** (m, **-ja**)
Temperatur **temperatura** (w)
Teppich **přestrěnc** (m)
teuer **drohi**
Teufel **čert** (m), **djas**
Theater **dźiwadło** (s)
Theaterstück **dźiwadłowa hra** (w)
Thermometer **termomet|er** (m, **-ra**)
Ticket **tiket** (m)
tief **hłuboki**
Tier **zwěrj|o** (s, **-eća**)
Tierarzt **skótny lěkar** (m, **-ja**)
Tinte **tinta** (w)
Tisch **blido** (s)
Tischdecke **blidowy rub** (m)
Tochter **dźowka** (w)
Tod **smjerć** (w)
Toilette **toaleta** (w)
Toilettenpapier **toaletowa papjera** (w)
toll! **wulkotnje!**

Topf **hornc** (m)
Tor **wrota** (Mz)
tot **mortwy**
töten **zmorić** (2a)/**morić** (2a), **skóncować** (v, 3a)
Tour **tura** (w)
Tourismus **turizm** (m)
Tourist **turist** (m)
Tradition **tradicija** (w)
träge **lěni, lěniwy**
tragen **njes|ć*** (uv, 3a) (**-u, -eš**)
tragen (ziellos, gewohnheitsmäßig) **nosyć** (uv, 2a)
trainieren **trenować** (uv, 3a)
Traube **kić** (w), **kitka** (w)
trauen, sich **zwěrić sej** (v, 2a)
traurig **zrudny**
treffen, sich **zetkać so** (1a)/**zetkawać so** (1a)
Treffen **zetkanje** (s)
trennen, sich **roze|ńć so*** (3a) (**-ńdu, -ńdźeš**) (**-šoł**)/**rozchadźeć so** (1b)
Treppe **schód** (m, **schoda**)
Tresen **tejka** (w)
Tretboot **teptanski čołm** (m)
trinken **pi|ć*** (uv, 3a) (**-ju, -ješ**)
Trinkgeld **přepitk** (m)
trocken **suchi**
trocknen **wuschny|ć*** (3a) (**-ju, -ješ**), **schny|ć*** (3a) (**-ju, -ješ**)
trotz **njedźiwajo** (+2)
trotzdem **njedźiwajo toho**
tschüss! **božemje!**
tun **činić** (uv, 2a)
Tunnel **tunl** (m)
Tür **durje** (s)
Turm **wěža** (w)
Türschloss **durjowy zamk** (m)
Tüte **tita** (w), **titka** (w)
Typ **typ** (m)

U

U-Bahn **podzemska železnica** (w)
übel **zły**
Übelkeit **mjakliwosć** (w)
üben **zwučować** (uv, 3a)
über **wyše**
über (örtl.) **nad** (+5/+4), **wyše** (+2)
über (zeitl.) **přez** (+4)
überall **wšudźe, wšudźom**
Überfahrt **přejězd** (m)
Überfall **nadpad** (m)
übergeben, sich **plunyć** (3a)/**pluwać** (1a)
Übergewicht **přewaha** (w)
überholen (Auto) **přesćahnyć** (3a)/**přesćahować** (3a)
übermorgen **zajutřišim**
überqueren **přepřěčić** (2a)/**přepřěčeć** (1b)
Überschwemmung **powodźenje** (s)
übersetzen (Fähre) **přewjez|ć so*** (3a) (**-u, -eš**) (**-ł**)/**přewožować so** (3a)
übersetzen (Sprache) **přełožić** (2a)/**přełožować** (3a)
Übersetzer **přełožowar** (m, **-ja**)
Übersetzerin **přełožowarka** (w)
Übersetzung **přełožk** (m)
Überweisung **přepokazanka** (w)
übrig bleiben **zwosta|ć*** (3a) (**-nu, -nješ**)/**zwostawać** (1a)
übrig sein **wyše być*** (uv) (**sym, sy, je, smy, sće, su**)
Uhr **časnik** (m)
um (zeitl.) **w** (+6)
um (zu ...) **zoby** (**+ ł**)
umarmen **wob|jeć*** (3a) (**-ejmu, -ejmješ**)/**wobjimać** (1a)
umdrehen **wobroćić** (2a)/**wobroćeć** (1b)
Umgebung **wokolina** (w), **wokolnosć** (w)
Umleitung **wobjězd** (m)
Umschlag **wobalka** (w)
Umstand **wobstejnosć** (w)
umsteigen **přestupić** (2a)/**přestupować** (3a)
umtauschen **přeměnić** (2a)/**přeměnjeć** (1b)
Umweg **wokołopuć** (m)

Umwelt **wobswět** (m)
unabhängig **njewotwisny**
unbegrenzt **njewobmjezowany**
unbekannt **njeznaty**
und **a**
unecht **falšowany, njeprawy**
Unfall **njezbožo** (s), **znjezboženje** (s)
Ungeduld **njesćerpnosć** (w)
ungefähr **něhdźe, někak**
Ungerechtigkeit **njesprawnosć** (w)
Ungeziefer **škódniki** (Mz)
Union **zwjazk** (m)
Universität **uniwersita** (w)
unmöglich **njemóžny**
unschuldig **njewinowaty**
unten **deleka**
unter **pod** (+5/+4), **spody** (+2)
Unterhaltung **rozmołwa** (w)
Unterhemd **spódnja košla** (w)
Unterhose **spódnje cholowy** (Mz)
Unterkunft **přebytk** (m)
Unternehmen **předewzaće** (s)
Unternehmer **předewzaćel** (m)
Unterricht **wučba** (w)
unterrichten **wučić** (uv, 2a), **wuwučować** (uv, 3a)
unterschreiben **podpisać** (1a)/**podpisować** (3a)
Unterschrift **podpismo** (s)
untersuchen **přepytać** (1a)/**přepytować** (3a)
Untersuchung **přepytowanje** (s)
untertauchen **podnurić so** (v, 2a)
unverbleit **bjez wołoja**
Unwetter **njewjedro** (s)
Urin **moč** (m)
Urlaub **dowol** (m)
Ursache **přičina** (w)
Urwald **pralěs** (m)

V

Variante **warianta** (w)
Vater **nan** (m)
vegetarisch **wegetariski**
Vene **wena** (w)
Ventil **wentil** (m)
Ventilator **wentilator** (m)
verabreden, sich **dorěč|eć so*** (v, 2a) (**-u, -iš**)
Verabredung **dorěčenje** (s)
verabschieden, sich von (jmd.) **rozžohnować so** (v/uv, 3a) **z** (+5)
verantwortlich **zamołwity**
Verband (medizinisch) **wobalka** (w)
verbessern **polěpšić** (2a)/**polěpšeć** (1b)
verbieten **zakazać** (1a)/**zakazować** (3a)
Verbindung **zwisk** (m)
verbleit **z wołojom**
verboten **zakazany**
Verbrechen **złóstnistwo** (s)
Verbrecher **złóstnik** (m)
verbringen (Zeit) **přežiwić** (2a)/**přežiwjeć** (1b)
verdammt **zaklaty**
verderben **skazyć** (2a)/**kazyć** (2a)
verdienen **zasłužić (sej)** (v/uv, 2a)
verfallen **skazyć** (2a)/**kazyć** (2a)
Verfallsdatum **datum** (m) **skaženja**
verfolgen **přesćěhować** (uv, 3a)
vergessen **zab|yć*** (3a) (**-udu, -udźeš**)/**zabywać** (1a)
Vergnügen **zabawa** (w)
vergnügen, sich **zabawjeć so** (uv, 1b)
vergriffen **wupředany**
vergrößern **powjetšić** (2a)/**powjetšeć** (1b)
vergewaltigen **wumocować** (v/uv, 3a)
verheiratet **ženjeny, woženjeny**
Verhütungsmittel **zadźěwanski srědk** (m)
verirren, sich **zabłudźić so** (v, 2a)
verkaufen **předać** (1a)/**předawać** (1a)
Verkäufer **předawar** (m, **-ja**)
Verkäuferin **předawarka** (w)
Verkehr **wobchad** (m)

Verkehrsschild **wobchadna taflička** (w)
verlangen **požadać (sej)** (1a)/**žadać (sej)** (1a)
verlängern **podlěšić** (2a)/**podlěšeć** (1b)
verlassen **wopušćić** (2a)/**wopušćeć** (1b)
verleihen **wupožčić** (2a)/**wupožčować** (3a)
verletzen **zranić** (2a)/**ranić** (2a)
verletzt **zranjeny**
Verletzung **zranjenje** (s)
verlieben, sich in (jmd.) **zalubować so** (v/uv, 3a) **do** (+2)
verliebt **zalubowany**
verlieren **zhubić** (2a)/**zhubjeć** (1b)
verlieren (Spiel) **přěhra|ć*** (3a) (**-ju, -ješ**)/**přěhrawać** (1a)
verlobt **slubjeny**
vermeiden **wobe|ńć** (v, 3a) (**-ńdu, -ńdźeš**) (**-šoł**)
vermieten **přenaj|eć*** (3a) (**-mu, -mješ**) (**-ał**)/**přenajimać** (1a)
Vermietung **přenaječe** (s)
vermindern **pomjeńšić** (2a)/**pomjeńšeć** (1b)
vermisse, ich **paruju** (+4)
Vermittlung **posrědkowanje** (s)
vernünftig **rozumny**
verpacken **zapakować** (v/uv, 3a)
verpassen (Zug) **zakomdźić** (v, 2a)
verringern **znižić** (2a)/**znižeć** (1b)
verrückt **wrótny, błudny**
verschieden (unterschiedl.) **rozdźělny, wšelaki**
verschwinden **zminyć so** (3a)/**minyć so** (3a)
versichert **zawěsćeny**
Versicherung **zawěsćenje** (s)
verspäten, sich **zapozdźić so** (2a)/**zapozdźeć so** (1b)
verspätet **zapozdźeny**
Verspätung **zapozdźenje** (s)
versprechen (etwas) **slubić** (2a)/**lubić** (2a)
versprechen, sich **přeprajić so** (2a)/**přeprajeć so** (1b)
Verstand **rozum** (m)
verstauchen (Fuß) **nawinyć sej** (v, 3a)
verstauen **składa|sć*** (3a) (**-du, -dźeš**) (**-dł**)/**składować** (3a)
verstehen **zrozumić** (2a)/**rozumić** (2a)
versuchen **spytać** (1a)/**pospytować** (3a)
vertrauen **dowěrić** (2a)/**dowěrjeć** (1b)
Vertrauen **dowěra** (w)
verweilen **přebywać** (uv, 1a)
verwunden **zranić** (2a)/**ranić** (2a)
verzeihen **wodać** (1a)/**wodawać** (1a)
via **přez** (+4)
viel **wjele** (+2), **mnoho** (+2)
vielleicht **snadź, traš**
Viertel **štwórć** (w)
Viertel(stunde) **štwórć** (w) **hodźiny**
Virus **wirus** (m)
Vogel **ptačk** (m)
Volk **lud** (m)
voll **połny**
vollkommen **dospołny**
Vollpension **połny pension** (m)
von **wot** (+2)
vor (auch zeitlich) **před** (+5/+4)
vor (Uhrzeit) **do** (+2)
vor allem **předewšim**
Voraus, im **dočasa**
vorbei **nimo**
vorbeifahren **nimo jě|ć*** (uv, 3a) (**-du, -dźeš**)
vorbeikommen **nimo při|ńć*** (3a) (**-ńdu, -ńdźeš**) (**-šoł**)/**nimo přichadźeć** (1b)
vorbereiten **připrawić** (2a)/**připrawjeć** (1b)
vorgestern **předwčerawšim, zawčerawšim**
vorhaben **něšto wotmyslene m|ěć*** (uv, 1a) (**-am, -aš**)
vorher **před tym, prjedy toho**
vorläufig (U) **tuchwilu**
Vormittag **dopołdnjo** (s)
Vorname **předmjeno** (s)

vorne **předku**
Vorort **předměsto**
Vorrat **naběrk** (m)
Vorschlag **namjet** (m)
vorschlagen **namjetować** (uv, 3a)
Vorsicht! **Kedźbu!**
vorsichtig **skedźbliwy, skedźbny**
Vorspeise **předjědź** (w)
Vorstand **předsydstwo** (s)
vorstellen **předstajić** (2a)/ **předstajeć** (1b)
vorstellen, sich (etwas) **předstajić sej** (2a)/ **předstajeć sej** (1b)
Vorstellung (Theater) **předstajenje** (s)
Vorteil **lěpšina** (w)
Vorwahl **předwólba** (w)
vorwärts **doprědka**
vorzüglich **wuběrny**

W

wachsen **ros|ć*** (uv, 3b) (**-tu, -ćeš**) (**-tł**)
Wagen **wóz** (m, **woza**)
Wagenheber **wozowe zběhadło** (s)
Waggon **wagon** (m)
Wahl **wólba** (w)
wählen (politisch) **wuzwolić** (2a)/**wolić** (2a)
wählen (Telefon) **wolić** (uv, 2a)
wahr **wěrny**
während **za čas** (+2), **w** (+6)
Wahrheit **wěrnosć** (w)
wahrscheinlich **najskerje, najskeršo**
Währung **měna** (w)
Wald (allg., Nadel-) **lěs** (m)
Wald (Laub-) **lěs** (m)
Wand **sćěna** (w)
wandern **pućować** (uv, 3a)
Wange **lico** (s)
wann **hdy**
Ware **twora** (w)
warm **ćopły**
warnen **warnować** (uv, 3a)
Warnung **warnowanje** (s)
warten **čakać** (uv, 1a)
warum **čehodla**
was **što**
Wäsche **šaty** (Mz)
waschen (allg.) **wumy|ć*** (3a) (**-ju, -ješ**)/**my|ć*** (3a) (**-ju, -ješ**)
waschen (Wäsche) **wupłokać** (1a)/**płokać** (1a)
Wäscherei **płokarnja** (w)
Wasser **woda** (w)
Wasserhahn **wodowy honač** (m)
Watte **wata** (w)
WC **WC** (m, nicht beugbar)
Wechsel **změna** (w)
Wechselgeld **drobne pjenjezy** (Mz)
wechselhaft **měnjaty**
Wechselkurs **walutowy kurs** (m)
wechseln (tauschen) **wuměnić** (2a)/**wuměnjeć** (1b)
Wechselstube **měnjernja** (w)
wecken **zbudźić** (2a)/ **budźić** (2a)
weder ... noch **ani ... ani**
Weg **puć** (m)
weg **preč**
wegen **dla** (+2)
weggehen **wote|ńć*** (3a) (**-ńdu, -ńdźeš**) (**-šoł**)/ **wotchadźeć** (1b)
wehen (Wind) **du|ć*** (uv, 3a) (**-ju, -ješ**)
wehtun **bol|eć** (uv, 2a) (**-u, -iš**) (**-ał**)
weiblich **žónski**
weich **mjechki**
Weihnachten **hody** (Mz, **hod**)
Weihrauch **woruch** (m), **kadźidło** (s)
weil **dokelž**
weinen **płakać** (uv, 1a)
Weise **wašnje** (s)
weiß **běły**
weit **daloki**
weiterer **dalši**
weiterhin **dale, nadal**
welch **kotry, kajki**
Welle **žołma** (w)
Welt **swět** (m)
Wende (pol.) **přewrót** (m)
wenig **mało** (+2)
wenn (als) **hdyž**
wenn (falls) **jeli, jelizo**
Werbung **wabjenje** (s)

werden (Vollverb) **sta|ć so*** (3a) (**-nu, -nješ**)/**stawać so** (1a) **z** (+5)
werfen **mjetać** (uv, 1a)
Werkstatt **dźěłarnja** (w)
Werktag **dźěłowy dźeń** (m, **dnja**)
Werkzeug **grat** (m)
Wert **hódnota**
wertvoll **hódnotny, drohotny**
Weste **lac** (m)
Westen **zapad** (m)
Wettbewerb **wuběd'źowanje** (s)
Wetter **wjedro** (s)
Wettkampf **wuběd'źowanje** (s)
wichtig **wažny**
widersprechen **znapřećiwić** (2a)/**znapřećiwjeć** (1b)
wie (Fragewort) **kak**
wie (Bindewort) **kaž**
wieder **zaso**
wiederholen **wospjetować** (uv, 3a)
wiegen **ważić** (uv, 2a)
wieso **čehodla**
wild **dźiwi**
Willkommen! **witaj!** (Ez), **witajtaj!** (Zz m Pers), **witajtej!** (Zz), **witajće!** (Mz)
Wind **wětr** (m), **wětřik** (m)
Windel **pjelcha** (w)
Windschutzscheibe **škitna šklenca** (w)
winken **kiwać** (uv, 1a)
Winter **zyma** (w)
winzig **małučki**
Wirbelsäule **rjap** (m)
wirklich (U) **woprawdźe**
Wirtschaft **hospodarstwo** (s)
wissen **wě|dźeć*** (uv) (**-m, -š**, -, **-my, -sće, -dźa**)
Wissenschaft **wědomosć** (w)
Wissenschaftler **wědomostnik** (m)
Wissenschaftlerin **wědomostnica** (w)
Witwer **wudowc** (m)
Witz **žort** (m)
Woche **tydźeń** (m)
Wochenende **kónc** (m) **tydźenja**
Wochentag **wšědny dźeń** (m, **dnja**)
wohl **drje**
wohnen **bydlić** (uv, 2a)
Wohnmobil **bydlenski mobil** (m)
Wohnung **bydlenje** (s)
Wohnwagen **bydlenski wóz** (m)
Wohnzimmer **bydlenska stwa** (w)
Wolke **mróčel** (w)
Wolle **wołma** (w)
wollen **chc|yć*** (uv) (**-u, -eš, -e, -emy, -eće, -edźa**)
Wort **słowo** (s)
Wörterbuch **słownik** (m)
wund **bolacy**
Wunde **rana** (w)
wunderbar (U) **wulkotnje**
Wunsch **přeće** (s)
wünschen **př|eć*** (uv, 3a) (**-eju, - eješ**) (**-ał**)
Wurst **kołbasa** (w)
wütend **njemdry, hněwny**

Z

zäh (Person) **wutrajny, kruty**
Zahl **ličba** (w)
zahlen **zapłaćić** (2a)/**płaćić** (2a)
zählen **ličić** (uv, 2a)
zahlreich (U) **w bohatej ličbje**
Zahn **zub** (m)
Zahn ziehen **zub wućahnyć** (v, 3a)
Zahnarzt **zubny lěkar** (m)
Zahnbürste **zubna šćětka** (w)
Zahnpasta **zubna pasta** (w)
Zahnschmerzen **zubybolenje** (s)
Zange **klěšće** (Mz)
Zäpfchen **čopik** (m)
zart (weich) **něžny**
zart (zierlich) **něžny, ćeńki**
zärtlich **łahodniwy**
Zaun **płót** (m, **płota**)
Zebrastreifen **cebra-smuha** (w)
Zehe (Fuß) **palc** (m)
zeichnen **narysować** (3a)/**rysować** (3a)
Zeichnung **rysowanka** (w)

zeigen **pokazać** (1a)/ **pokazować** (3a)
Zeit **čas** (m)
Zeitung **nowiny** (Mz)
Zelt **stan** (m)
Zeltplatz **stanowanišćo** (s)
Zentrum **centrum** (m)
zerbrechen (kaputt gehen) **rozłamać so** (1a)/ **rozłamować so** (3a)
Zeremonie **ceremonija** (w)
zerren **torhać** (uv, 1a)
Zeuge **swědk** (m)
Ziege **koza** (w)
Ziegelstein **cyhel** (m)
ziehen (kontinuierlich) **ćahnyć** (uv, 3a)
ziehen (wiederholt) **ćahać** (uv, 1a)
Ziel **cil** (m)
Ziel (Absicht) **zaměr** (m)
ziemlich **chětro**
Zigarette **cigareta** (w)
Zigarre **cigara** (w)
Zoll **cło** (s)
Zone **cona** (w)
Zoo **coo** (m, nicht beugbar)
zornig **hněwny, roznjemdrjeny**
zu (+ Eigenschaft) **pře-**
zu Fuß **pěši**
Zubereitung **přihotowanje**
züchten **plahować** (uv, 3a)
Zucker **cokor** (m)
zuerst **najprjedy**
zufällig **připadny**
zufolge **po** (+6)
zufrieden sein **spokojom być*** (uv) (**sym, sy, je, smy, sće, su**)
Zug **ćah** (m)
zu Hause **doma**
zuhören **připosłuchać** (uv, 1a), **posłuchać** (uv, 1a)
zum Beispiel **na přikład**
zumachen **začinić** (2a)/ **začinjeć** (1b)
Zündkerze **zapalna swěčka** (w)
zunehmen **přib|rać*** (3a) (**-jeru, -jerješ**)/**přiběrać** (1a)
Zunge **jazyk** (m)
zurück **wróćo**
zurückgeben **wróćić** (2a)/ **wróćeć** (1b), **wróćo dać** (1a)/**wróćo dawać** (1a)
zurückhaltend **zdźeržliwy**
zurückkehren **wróćić so** (2a)/**wróćeć se** (1b), **nawróćić so** (2a)/ **nawróćeć se** (1b)
zusammen **hromadźe**
Zusammenhang **zwisk** (m)
Zuschlag **přiražka** (w), **pśipłaćenka** (w)
zustimmen **přihłosować** (v/uv, 3a)
Zweig **hałžka** (w), **hałuza** (w)
Zwilling **dwójnik**
zwingen **znućić** (2a)/**nućić** (2a), **nuzować** (uv, 3a)
zwischen **mjez(y)** (+5)

Die Autoren

Till Vogt wurde 1987 in Templin geboren. Seit seiner frühen Kindheit wohnt er in Cottbus. Die Urgroßeltern seines Vaters waren Niedersorben und lebten im Spreewald. Er fühlt sich mit dem Sorbischen und auch mit anderen slawischen Sprachen sehr verbunden und eignete sich Kenntnisse diverser Sprachen (so des Russischen und Altkirchenslawischen) selbst an. Als freier Mitarbeiter ist er u. a. für die Niedersorbische Wochenzeitung **Nowy Casnik,** den niedersorbischen Hörfunk und die jährlich erscheinende literarische Broschüre **Pratyja** tätig. Außerdem verfasst er Gedichte in niedersorbischer Sprache.

Tobias Geis, geboren 1986 in Fulda, wohnt bereits seit vielen Jahren in Cottbus. Zurzeit studiert er Sorbisch und Englisch auf Lehramt in Leipzig. Auch in seiner Freizeit ist er mit dem Sorbischen sehr verbunden. Als freier Mitarbeiter ist er u. a. für das niedersorbische Hörfunkprogramm des rbb tätig sowie für die niedersorbische Wochenzeitung **Nowy Casnik.** 2005 wurde seine Kurzerzählung **Noc we Błotach** „Nacht im Spreewald“ bei einem sorbischen Literaturwettbewerb mit dem 1. Preis ausgezeichnet.